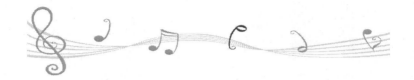

音楽と語りで
夢を育む絵本ケア

真下　あさみ　編著

伊藤久美子　　加藤由紀子

柴田　法子　　安藤　彩子

今井　則子　　伊串　美香

三恵社

は じ め に

　皆さん、絵本は好きですか？ 音楽は好きですか？
きっとこの本を手に取ってくださった方は何かしら絵本や音楽に興味を持っていらっしゃることでしょう。
　絵本ケアという言葉は、ほとんどの方が初めて聞く言葉だと思います。それもそのはず、絵本ケアはまだ生まれたばかりなのです。絵本が好き、音楽が好き、それだけでもう十分あなたは絵本ケアのスタートラインに立っています。この世の中に星の数ほどあるたくさんの本のなかから、この本を手に取ってくださったあなたに心から感謝します。
　あなたがこの本に出会ったこと、それはあなたがとても絵本が好きで、きっと絵本とあなたが深い縁で結ばれているからだと思います。どうぞこの本から、新たな絵本の魅力をたくさん感じとってください。あるいは、音楽が好きな方は、絵本の魅力や絵本が伝える様々なメッセージについて知ってください。そして、この本を読んで音楽の知識を得たり、子どもの発達や言葉、表現などの絵本の関連分野についても広く知って頂くことで、もっと深く絵本の読み聞かせについて興味を持って頂けたら幸いです。さらに、絵本のメッセージを効果的に伝えるために、読み語りと音楽をミックスし、人と人が触れ合い、音と語りで紡ぎ出す絵本ケアについて知っていただき、あなたの力で、絵本の素晴らしい世界をさらに広めて欲しいと思います。絵本ケアは絵本が好きな方をはじめ、音楽が好きな方にもぴったりの素敵な魅力があります。また、図書館や学校等でのおはなし会はもちろん、保育・教育関係や介護の現場、または職場や学校などの職員研修にも絵本ケアを取り入れることができます。
　絵本は子どものものと思われがちです。けれども実は、絵本はいつも

あなたのそばに寄り添っています。いつかお母さんに読み聞かせてもらった懐かしい絵本、プレゼントしてもらった忘れられない絵本、ボロボロになっても何度も読んだ絵本・・・その古びた表紙、少し色褪せたページを思い出すだけで当時のことが蘇ることでしょう。まるで映画でも観ているように、絵本の世界が頭のなかで広がっていきませんか。あぁ、こんな情景だったなぁと鮮明に映像が浮かぶのはなぜでしょう。それは、絵本がずっとあなたのなかで生き続けているからです。絵本はあなたのことを見守りながら、あなたが成長するための手助けをしてくれています。絵本は明日への希望、夢、生きる力を育んでくれるものなのです。その絵本の力を最大限に引き出すのが音楽。そこで、絵本に音楽の力をプラスした絵本ケアがスタートしました。

　絵本の読み語りと音楽の相乗効果によって絵本のメッセージを効果的に伝える絵本ケアは、人々が毎日をいきいきと生きるための手助けをする教育的文化活動のひとつとして誕生しました。私達の生活に潤いを与え、夢を育む絵本ケアは子どもから大人まで誰もが楽しめるものです。今回、この絵本ケアを知って頂くために、一人一人が想いをこめてペンをとりました。初めての方にもわかりやすく、色々な絵本もたくさん紹介してあります。この本をきっかけに、音楽と読み語りで人と人が織りなす絵本ケアがさらに広まっていくことを心より願っています。

日本絵本ケア協会　代表

真下　あさみ

はじめに ………………………………… 2
目　次 ………………………………… 4
第1章　絵本ケアの世界（真下）………………………… 6
　　1．絵本ケアの魅力　　　　　6
　　2．絵本ケアの原点　　　　　9
　　3．絵本ケアのはじまり　　　11
　　4．絵本ケアの意義　　　　　14
第2章　表現について（伊藤）………………………… 18
　　1．表現とは　　　　　　　　18
　　2．絵の表現について　　　　20
　　3．発達と絵画　　　　　　　24
　　4．絵と言葉の関係　　　　　27
　　5．音楽と描写の関係　　　　29
　　6．絵本を使って表現する　　32
　　7．絵本ケアと表現　　　　　34
第3章　音楽を知る（加藤）………………………… 36
　　1．音楽の歴史　　　　　　　36
　　2．様々な音階　　　　　　　48
第4章　絵本について（真下）………………………… 52
　　1．活字離れ　　　　　　　　52
　　2．人との触れ合い　　　　　54

3．子どもと絵本　　　　　５６

　　4．大人と絵本　　　　　　５８

第5章　子どもの発達（柴田）‥‥‥‥‥‥‥‥‥‥‥ ６０

　　1．誕生〜3か月頃　　　　　６０

　　2．生後3か月〜6か月頃　　６３

　　3．生後6か月〜1歳未満　　６６

　　4．1歳児　　　　　　　　　７０

　　5．2歳児　　　　　　　　　７３

　　6．3歳児　　　　　　　　　７６

　　7．4歳児　　　　　　　　　７９

　　8．5歳児　　　　　　　　　８２

第6章　言葉について（安藤）‥‥‥‥‥‥‥‥‥‥‥ ８７

　　1．言葉の役割　　　　　　８７

　　2．言葉の獲得　　　　　　８８

　　3．絵本の中の言葉　　　　９０

　　4．絵本における言葉の表現　９２

　　5．様々な言葉絵本　　　　９５

第7章　絵本ケアの実践（真下）‥‥‥‥‥‥‥‥‥ １０２

　　1．絵本ケアの実践の流れ　１０２

　　2．絵本に合う音楽を考える　１０８

　　3．演奏の実践　　　　　　１１１

絵本ケアにおすすめの絵本（今井）‥‥‥‥‥‥‥‥ １１５

　　　　　　　　　　　　（伊串）‥‥‥‥‥‥‥‥ １２６

おわりに　　　　　　　　　‥‥‥‥‥‥‥‥‥ １４０

著者紹介　　　　　　　　　‥‥‥‥‥‥‥‥‥ １４２

本書でとりあげた絵本　　　‥‥‥‥‥‥‥‥‥ １４５

第1章
絵本ケアの世界

1．絵本ケアの魅力

　絵本ケアとは何でしょう。
ほとんどの皆さんが初めて聞く言葉だと思います。「ケア」という言葉を大辞林第3版で引いてみると、「世話、保護、介護、看護などの医療的・心理的援助を含むサービスのことを指すほか、心づかい、配慮、注意、管理、手入れ」などといった意味が書かれています。つまり、全般的に誰かの手助けをしたり、注意深く気配りをしたり、何かのメンテナンスをすることなどを「ケア」と呼んでいるようです。そう言われてみると、ボディケアとか、スキンケアとか、「ケア」という言葉は生活のなかでもよく見聞きしますね。私達にとって日頃から馴染みのある言葉である、この「ケア」という言葉と「絵本」を合体させて、絵本ケアと名付けたのには、実は深い想いがあります。この章では、絵本ケアが生まれたここまでの道のりや絵本ケアの魅力、絵本ケアの意義などについて、お話ししていきたいと思います。
　まず、絵本ケアにはどのような魅力があるのでしょう。絵本そのものについては、これからの章で様々な角度からお伝えしていきたいと思い

ますが、皆さんはきっと、もう十分に絵本に親しんでいらっしゃること
と思います。御存知のように、子どもにとっても大人にとっても、絵本
はその人に大きな影響を与えるものです。そして、絵本を誰かに読んで
もらうこと、それは特別な体験です。人と人が触れ合う空間のなかで、
そばで声を聞き、人の温もりを感じながら心地よいひとときを過ごす、
そのような絵本の読み語りの時間は、ほかでは味わうことのできない貴
重な時間です。無藤隆は、その著書に「絵本は絵本そのものの中に大人
と子どもの親しい関係を組み込み、またその親しい関係を豊かにする何
かがあるのではないでしょうか。親子が読み聞かせをする時間は貴重な
ものです。」[1] と書いています。たとえば、子どもがお布団のなかで、
絵本を読むお母さんの声を聞きながら、いつのまにかうっとりして眠っ
てしまったり、まるで映画を観ているようにおはなしに夢中になってド
キドキしたり、時には涙がぽろぽろこぼれてきたり、ただ絵本のおはな
しを聞くだけなのに、様々な感情が溢れてくるから不思議です。絵本の
絵の表現をとっても、それは一枚として同じものはありません。絵の表
現については第2章に詳しく述べられていますが、絵一枚一枚にそれぞ
れ訴えるものがあります。ページいっぱいに広がる絵の世界、実はその
表現も特別な贈り物です。絵本は私達に様々な贈り物をくれるもの、つ
まり、形を変えて、ある時は心のメンテナンスをしてくれる、ある時は
私たちを力強くサポートしてくれるものであるといえるでしょう。

　さて、音楽はどうでしょう。皆さんは音楽が好きですか？絵本と同じ
ように音楽にも力があります。私も音楽が大好きです。音楽は、絵本ケ
アには欠かせないものであり、大切な要素です。誰もが音楽を聴いて元
気になったり、感動したり、心を動かされた経験があるでしょう。音楽
も人々に大きな影響を与えます。それは、演奏する側、聴く側の両方に
いえることだと思います。絵本ケアを行ううえで大事な音楽については、

7

音楽の歴史をはじめとして、少し専門的なことも含めて興味深い内容が第3章に書かれていますので、どうぞ参考になさってください。

　さて、小さな頃からピアノを習っていた私も、少なからず音楽に親しみながら育ってきました。様々な音楽を聴いたり奏でたりすることは、生活のなかの一部であり、日々の疲れを癒したり、嫌なことがあった時や悲しみに沈んでいる時も、音楽の力で明日また頑張ろうという気持ちになったことがよくありました。たくさんの音が重なり合うオーケストラの演奏を初めて聴いた時は、その迫力に圧倒され、ある日、宝塚歌劇やミュージカルを観てその夢のような世界に夢中になったり、高校時代にはバンド活動のなかで違ったジャンルの音楽の楽しさも体感しました。これまで私が生きてきたなかで、きっと何百というくらいたくさんの音楽に触れてきたと思います。音楽には様々なジャンルがあって、音も違えば演奏法も違います。けれども、どれをとってもそれぞれの良さがあって、何かしら伝わってくるものがあるのです。好みは人それぞれでしょう。受け取り方も違うでしょう。でも、それでいいのです。それがいいのです。それこそが音楽だと思います。そして、絵本にも同じことがいえます。受け手がどのように受け取ってもそれは自由で、受け取るものの大きさも人それぞれです。それがほかの人と違っても、その人だけに感じる何かはかけがえのない力となります。絵本も音楽も、一人一人に違った力が発揮され、それぞれをケアしてくれるものなのです。このように、音楽が持つ個性は、それを聴く人々にあらゆるメッセージを訴えかけてきます。これも絵本と同じです。音楽と絵本、どこか似ている気がしませんか。人が何かを表現するものという意味でも同じですね。

　私は小さい頃からの経験を通して、音楽の素晴らしさを身をもって体感してきました。私は中学生の頃からミュージカルをよく観てきたので、音楽と一緒に言葉を聞くという経験が豊富にあります。そのなかで、迫

8

力ある大きな感動に胸を震わせたものでした。これが実はある意味、人と人が触れ合って紡ぎ出す音楽と言葉＝音楽と読み語りの相乗効果というものを感じた始まりかもしれません。この想いは、将来、生まれる絵本ケアの小さな芽となって、いつしか私のなかで、すくすくと育っていきました。

　音楽と絵本、人々に大きく影響を与えるこの二つが一緒になると、その力は倍増します。これこそが絵本ケアの魅力でもあります。

２．絵本ケアの原点

　絵本が好きで音楽に親しみながら育ち、小さい頃から、時々、好きなようにメロディーをつくって口ずさんでいた私は、成長して保育の道を志しました。そして、ある日ふと「絵本に音楽をつけて読んだらどうなるのだろう」と思うようになりました。思い返せば、それはもう３０年以上も前のことです。当時、東京に住んでいた私は幸いにもその想いに共感する仲間と出会い、グループを組んで絵本や紙芝居のおはなしに音楽をつけて読み聞かせるという独自の手法で、初めて東京都内で絵本コンサートを行いました。いま思えば、これが絵本ケアの元になっていると思います。私は絵本に合う音楽を考えて演奏し、ある場面では読み語りを担当しましたが、どのような音楽が合うのか工夫しながら作ることがとても大変だったことを記憶しています。そのコンサートでは、シンセサイザーの効果音、ピアノ、ギターの演奏、歌と語りで構成され、数人のグループで手作りのコンサートを行いました。その時に取り組んだのが忘れもしない、昔から多くの人に愛されている新美南吉の作品『ごんぎつね』の絵本です。『ごんぎつね』は誰もが知っている有名なおはな

9

しですね。これは、いたずらきつねのごんが、自分のいたずらのせいで
ひとりぼっちになってしまった村の兵十という若者の家に、夜な夜な山
から栗やきのこをそっと届けてつぐないをしますが、ある日、そうとも
知らない兵十に見つかって銃で撃たれてしまうという切ないお話です。
絵本は、箕田源二郎さんが絵を描いているものを使用しました。真っ赤
な彼岸花、月夜のあぜ道など、しっとりとした情景が描かれているとこ
ろが大変印象的で、ページごとに絵をじっくりと味わい、いよいよ、こ
の絵本を使って初めて音楽を考え、演奏とミックスさせた読み語りに挑
戦することになりました。

　絵本の読み聞かせは、保育実践のひとつとして何度も経験してきまし
たが、いざ音楽と一緒に読み語るという初の取り組みを始めてみると、
不思議なことが起こりました。担当する場面の読み語りを、仲間が演奏
する音楽を聴きながら練習していると、私は湧き上がってくる感情を抑
えきれず涙が込み上げてきたのです。自然と気持ちが盛り上がるところ
では音楽の演奏も盛り上がっていました。さらに、一緒に練習している
仲間たちも、ところどころで涙ぐんでいるではありませんか。私はびっ
くりしました。周りの仲間たちもギターやピアノなどを演奏しながら、
絵本の読み語りを聞いているうちに、それぞれの感情が溢れ出していた
のです。その時、「この手法は、ただ絵本を読み聞かせるのとは何かが違
う」と感じました。また、私は心が大きく揺さぶられた経験をしたこと
から、この手法は、音楽とおはなしを聞く側はもちろん、演奏する側、
語る側にも影響力があることを初めて知りました。そして、この手法は、
きっと多くの人々の心を動かすに違いないと強く感じたのです。実際、
絵本コンサートに招待した親子（子どもは小学生）に感想を聞いたとこ
ろ、子どもたちからは、体験したことのない音楽と絵本の世界に驚いた、
映画を観ているみたいで感動したという声等を多数聞きました。保護者

の方からも、久しぶりに絵本のおはなしを聞いてなんだか心が安らいだとか、とても癒される時間だった、絵本と音楽って意外と合うのですね、などという感想をたくさん頂きました。このコンサートでは、オリジナルの曲をつけて『ごんぎつね』の絵本の読み語りを行いましたが、読み語りはもちろん、演奏する側も一人一人が心を込めたので、よりいっそう見る人にも感動が伝わり相乗効果が生じたのだと思います。そして、会場全体がひとつになり、大きな波動となって誰もの心に届いたのでしょう。この一体感、コンサートを終えた時に感じた達成感と熱い気持ちは深く胸に刻まれ、私の心のなかに宝物として残りました。これこそが、まさに、絵本ケアの原点です。

『ごんぎつね （おはなし名作絵本）』
新美南吉／作　箕田源二郎／絵
ポプラ社
1969年　36P　25cm

3．絵本ケアのはじまり

　それから、私は間もなく結婚して愛知県に移住しました。絵本と音楽でつながっていた仲間たちも結婚や転勤など、それぞれの事情でだんだん離ればなれとなり、残念ながら絵本コンサートを行うために集まったグループは解散してしまいました。それから私は子育てに追われる日々を過ごし、どんどん時は過ぎていきました。けれども、私は心の奥底に、絵本と音楽からもらった宝物（ここではこう呼ぶことにします）を大切

にそっと仕舞っておいたのです。いつかもう一度、その宝物がキラキラと輝きだす日がくることを密かに願って・・・

時代は昭和から平成へと移り変わり、30年余りの時が過ぎた2013年、私は大学の教員の傍ら、保育士や教員仲間とともに、日本絵本ケア協会の前身である、子育て支援団体「夢育ひろば」の活動をスタートさせました。毎月、10組〜15組程度の親子や妊娠中の母親を集めてリズム遊びや手遊び、絵本の読み聞かせ等を中心としたひろばを開催、さらに、もともと絵本が好きだった私は、活動の一環として市の図書館と連携し、妊娠中の母親や未就園のお子さんと母親を対象とした「母と子のおはなしひろば」を開催することになったのです。そのひろばのなかでは、毎回色々な絵本を読むのですが、最後に母親に向けた絵本を読み語る「こころタイム」という時間をつくりました。この本の最後にもたくさんの絵本を紹介しましたが、母親をはじめ、大人の心に響く絵本はたくさんあるのです。そのとき、私のなかで昔の想いが蘇りました。「そうだ！音楽をつけて絵本を読もう」そう思い立ったのです。何年かぶりに、私はピアノに向かって曲をつくりました。CDの制作も行った「ずっと約束」「遥かなセレナーデ」「空をみあげて」など、愛、希望、夢などをイメージし、母親へのメッセージを込めた曲をつくり、その音楽にのせて絵本を読み語りました。するとどうでしょう。お母さんたちは、ぽろぽろと涙をこぼしたり、うっとりとして聴いてくれたのです。また、小さな赤ちゃんは泣くこともなく、落ち着いた様子で母親の胸に抱かれていました。お母さんたちは、読み語りが終わると口々に、子どもへの愛情が増した、子どもが可愛いくなって思わず抱きしめた、心配事が減ってほっとしたなどと、色々な話をしてくれました。このことについては、日本保育学会でも発表しています[2]。「こころタイム」に対する母親への調査結果には、音楽と一緒に読み語る「こころタイム」が好

きである、「こころタイム」があるからひろばに参加している、音楽と絵本をミックスした読み語りが大変興味深い、「こころタイム」で元気をもらったなどという回答が多数みられました。この結果は「こころタイム」を行って良かったという大きな自信となり、その意義を確かなものとするきっかけとなりました。こうして、いつしか私の心の奥底にそっと仕舞っておいた宝物は、少しずつ光を取り戻しはじめたのです。「母と子のおはなしひろば」は、私を含めて数名の保育士や教員で行っていましたが、やがて、私たちは「こころタイム」を続けていくなかで、この取り組みは母親だけを対象としたものではなく、子ども、大人などの対象を問わず行うべきなのではないかという気持ちが強くなっていきました。こうして「こころタイム」は、次のステップである「絵本ケア」へと移行していきました。これが絵本ケアのはじまりです。

　２０１７年１２月、その第一歩として、「大人のための絵本タイム in Christmas」を企画しました。これは「こころタイム」を進化させたもので、日頃、仕事や家事育児、勉強などで忙しい大人たちにリフレッシュしてもらうことを目的として、明日への希望を感じてもらえるような絵本と音楽を吟味して実演した６０分程度のイベントです。こんな絵本がいいかな、この絵本にはどんな音楽が合うかななどと考えて曲を決め、ピアニストと何度も合わせて練習をして本番を迎えました。このイベントは新聞にも取り上げられるなど評判となり、幸いなことに、その後のイベントの依頼を頂くきっかけとなりました。そして、これを契機にいよいよ２０１８年６月、日本絵本ケア協会を設立するに至りました。そうです。この時、初めて絵本と音楽をミックスしたこの手法に「絵本ケア」という名前を付けたのです。絵本ケアが誕生し、それを本格的に広めていくための基盤を整えるため、それまで活動を続けてきた「夢育ひろば」はその名を変えて新しい道を歩みはじめました。そして、

日本絵本ケア協会として初めて主催したのが、２０１８年８月の「絵本と音楽のやさしい時間」という絵本コンサートです。続いて、２０１８年９月には「秋の夜長の大人のための絵本タイム」というイベント企画がありました。いずれも市の後援を頂いたり、図書館との連携をとって、全観客から絵本が見えるくらいの広さを考慮した公的会場で行いました。音楽は、ピアノの生演奏を主に、時には打楽器なども使用しながら絵本を読み語ります。コンサートやイベントにお越しくださった方は、絵本の絵にも影響を受けながら、柔らかな音楽に包まれて、静かに読み語りに耳を傾けていました。さらに、時には声を出して歌ったり動いたりするコーナーも楽しんでいただき、絵本ケア独特の雰囲気に深く浸ったことで満足して帰って行かれたように思います。普段、ゆったりとおはなしを聞く機会のない大人の方は特に、絵本ケアで心揺さぶられ、ありのままの自分を表現し、思いきり泣いたり笑ったりしながら、最後はすっきりされたお顔で会場を後にされる姿をよく見かけました。また、会場にお越し頂いた方から、次の依頼を頂くことも多く、絵本ケアは、たくさんの人々に受け入れられていることを実感して、さらに私たちは検討を重ねていくことになりました。

４．絵本ケアの意義

　大辞林第３版[3]によると、リフレッシュとは、「元気を回復させること、気分を一新すること」とあります。会場に足を運んでくださった多くの方がすっきりしてリフレッシュしてくださったのは、きっと、音楽も、絵本の絵も、おはなしの読み語りも、見るもの聴くもの全てが一人一人の心に届き、何かしら変化をもたらしたからだと思います。生きる力を育む絵本ケアは、ただ人の心を癒すだけではなく、リフレッシュす

14

ることによって、明日また頑張ろうという勇気や希望、夢を生み出すというところに意義があります。人が生きていくうえでは、相手の気持ちを思いやったり、少し立ち止まって人生を見つめ直したり、暮らしを工夫したり、困難を上手く乗り越える知恵なども必要です。それらを自然に体得できるのが絵本です。しかし、絵本をただ読むのではなく、絵本ケアを通して絵本と出会うことで、それはより効果的なものとなります。絵本が伝えるメッセージは多種多様ですが、絵本ケアの手法を用いて音楽とともに絵本を読み語ると、その伝わり方はさらに広がります。ただの絵本の読み聞かせと比べると、絵本ケアの可能性は無限大です。なぜなら、あなたの実演しだいでその伝わり方が大きく変化するからです。演奏や読み語りの仕方によって、絵本のメッセージがぐっと伝わるところも絵本ケアの醍醐味だといえます。また、ピアニスト（演奏者）、語り手、聞き手の全てがその絵本に影響を受け、ともに心揺さぶられて共鳴し合うのも絵本ケアならではだといえるでしょう。

　人は、どんなに賢くたくさんの知識があったとしても、自分の夢を持ち、力強く生き抜く力がなくては途中でくじけてしまうかも知れません。辛いことがあっても、色々なプレッシャーや悩み等に立ち向かい、それでもなお夢や希望を捨てずに生きていくことは容易なようで意外と難しいものです。多忙な現代人は、立ち止まることを忘れがちです。たまには、息抜きをしたり、自分を見つめ直す余裕を持って欲しいものです。そんな息抜き＝リフレッシュにも、実は絵本ケアはぴったりなのです。子どもから高齢者まで、ちょっと一息つきたい時はあります。そんな時は、ぜひ絵本の世界に浸ってください。きっと何かを得るに違いありません。そして、一人孤独に絵本に触れるより、語り手や演奏者の、人の温もりを感じられる「絵本ケア」を通して絵本と出会う方が、よりたくさんのものを得られるのではないかと思います。

生きる力や夢を育むことは、いまの子どもの教育でも大切にしていることです。幼稚園教育要領[4]のなかにも、生きる力の基礎を育むという言葉が使われています。そういった意味でも、絵本ケアを教育的文化活動のひとつとして位置づけました。子どもから大人まで、生涯、人々がいきいきと明るく元気に毎日を過ごすためには、教育的な手法が効果的だと考えられます。しかし、教育といっても、絵本ケアはそれほど難しいものではありません。絵本ケアは学校で教科書を使って指導するようなことは一切しません。絵本と音楽、そして、人が触れ合う時間と空間さえあれば成り立ちます。誰でも簡単に取り組むことが出来ますが、絵本ケアの手法は、その意義と目的を正しく理解して実践して頂くことが重要です（絵本ケアは、現在、商標登録申請中です）。そのためにも、この本をしっかりと読んで頂ければと思います。

　また、絵本ケアには実践の技術も必要です。たとえ絵本や音楽が好きな方でも、自分勝手に演奏したり、ただスラスラと読み語ったりすることは絵本ケアとはいえません。音楽と絵本が融合するように心がけながら実践するとともに、絵本ケアは、人と人が心を通わせて行うからこそ意義があることを常に意識して欲しいと思います。ピアニストの演奏に合わせて絵本を読み語る、あるいは読み語りに合わせてピアノを演奏するなど、相手のことを思いやり、息を合わせてしっかり練習することは絵本ケアの基本なのです。その実践方法については、第7章の絵本ケアの実践のなかで具体的にお話ししたいと思います。

　私たちがいきいきと生活するために手助け（ケア）をしてくれる絵本、絵本を音楽とともに読み語り、特別な時間のなかで絵本のメッセージを効果的に伝える絵本ケア、興味いっぱいのあなたもぜひ体験してみてください。

（真下　あさみ）

【引用・参考文献】

1) 無藤隆・野口隆子・木村美幸（2017）『絵本の魅力　その編集・実践・研究』フレーベル館
2) 真下あさみ・伊藤久美子・今井則子（2015）『母親に向けた絵本タイム～母と子のおはなしひろば～』第68回日本保育学会
3) 松村明編　（2006）『大辞林第3版』三省堂
4) 文部科学省（平成29年告示）『幼稚園教育要領』

絵本ケアコンサート「絵本と音楽のやさしい時間」

日本絵本ケア協会のメンバーと一緒に

第2章 表現について

　皆さんは、表現と聞いて、何を思い浮かべますか？歌うこと、踊ること、話すこと、作ることなど、様々な活動を思い浮かべるでしょう。
　一言で表現と言っても、その方法は数多くあり、私たちの毎日の営みの中にも表現はあふれています。家族との会話の中にも表現があり、日々の生活の中で表れる表情やしぐさも表現といえます。言い換えれば、人間が生きていることそのものが表現といえるのではないでしょうか。
　第2章では、絵本ケアの実践に欠かせない「表現」について考えていきましょう。

1．表現とは

　保育者を目指す学生に、表現に含まれる中心的ないくつかの活動についてアンケート調査を行いました[1]。すると、約５０％の学生が「あまり好きではない」と答えました。そのうち６０％の学生が「言葉での表現が好きではない」ということが分かりました。また、「人前で発表するのが苦手」という学生も約５０％いて、これまで受動的に授業を受けてきた経験から、主体的に発言することへの抵抗感を感じるようになった

と考えられます。感情の成長とともに、恥ずかしいという気持ちが強くなり、失敗しないように体裁を整えることにとらわれる傾向があります。また、他人が自分をどのように評価するのかを気にする点も現代の学生の特徴だと感じます。

　私は、幼稚園教諭当時、子どもの様々な表現を見てきました。何枚も紙を使って絵を描く子どもや、帰りの時間になっても、沢山の廃材を使って夢中で何かを作り続ける子どもなど、絵画制作の表現を楽しむ姿がありました。また、音楽に合わせて自然と体を動かし、体の芯からリズムや音を楽しむ姿など、子どもたちの内面から表出される人間の意欲というパワーを常に感じていたのです。しかし、大人になるにつれてこのパワーが弱まってくるように感じるのはなぜなのでしょう。

　『センス・オブ・ワンダー』の著者であるレイチェル・カーソンは、甥との生活の中で、自然から子どもがどのようなものを得て、どのように感性を身につけていくのかを間近に見ていました。子どもたちの世界はいつも生き生きとして新鮮で美しく、驚きと感激に満ち溢れていますが、残念なことに、私たちの多くは大人になる前に澄みきった洞察力や、美しいもの、畏敬すべきものへの直感力をにぶらせ、ある時はまったく失ってしまうと論じています。子どもに生まれつき備わっている「センス・オブ・ワンダー＝神秘さや不思議さに目を見はる感性」をいつまでも持ち続けることが大切ですが、この感性は、やがてやってくる倦怠と幻滅、私たちが自然という源泉から遠ざかること、つまらない人工的なものに夢中になることなどに対する、かわらぬ解毒剤になると説いています。また、レイチェルは「知る」ことは「感じる」ことの半分も重要ではないと言っています。子どもはさまざまな感覚器官を使って外界のものを感じ取っています。視覚、嗅覚、触覚、味覚、聴覚の五感だけではなく、その場の空気や、物体から発せられるパワーを感じ取り、その

意味を探り、理解していくのです。自然による実体験を通して、さまざまな環境に触れる事で命の大切さを知り、自分以外の命の存在に気づいていくことができるのです[2]。

　つまり、表現とは、生まれつき備わっている感性を持続させ、またそれを更に豊かに熟成させながら、自分と自分以外の存在を大切にしてコミュニケーションを育んでいくことです。表現を通して他者とのコミュニケーションを取ることは、社会生活を営む上で重要なことは言うまでもありません。

２．絵の表現について

　絵本ケアでは、様々な絵本と巡り合います。ここでは、絵本の「絵の表現」をどうとらえるか、いろいろな角度から考えたいと思います。

（１）絵が伝えるもの

　みなさんが絵本を手に取るとき、最初に目に入るのは、表紙に書かれた絵ではないでしょうか。

　表紙とは、本の外側のことです。本の始まる方の表紙を表表紙（オモテヒョウシ）、終わりの方の表紙を裏表紙（ウラビョウシ）といいます。

　では、絵本の表紙には何が書かれているでしょうか。

　「題名」「作者名（絵と文）」「出版社名」などが一般的です。そして、そこには作者が読者に最初に見てもらいたい「絵」が描かれています。表紙に絵が描かれているものを絵表紙（エビョウシ）といいます。

　表紙は、絵本の顔とも言えるもので、作者のねらいが表されているも

のです。それは、ストーリーの全てを凝縮した要点のようなものかもしれません。または、これから始まるストーリーへの興味を駆り立てる、読者の心を誘う序章のようなねらいかもしれません。

いずれにせよ、絵本の入り口として、大切な部分であるということは言うまでもありません。そして、裏表紙もまた、作者が考える、最後にふさわしい絵が描かれています。絵本を手に取ったときは、表表紙から最後の裏表紙まで目を通して、ストーリーを想像してみてください。

私たち読者が絵本を選ぶとき、表紙の絵や題名、作者や出版社などの情報を頭で処理して、瞬時にイメージを描きます。それは、自分自身が今までに経験して培ってきた感性に響き、「どんなストーリーだろう」や「おもしろそうだな」など、心に色々な感情が溢れてくるのです。つまり、その絵本の表紙は、それを選んだ読者の心を動かしたということなのです。自分が日頃から興味を持っている内容が題材であれば、自分が見たことのある景色が絵本の中に描かれています。また、空想が好きな人は、非現実の世界を絵本の描画を通して見つめ、新しく発見したり、新しい感情を表したりするきっかけとなるでしょう。好奇心旺盛な人は、見たことのない真新しい絵や描画の方法に心動かされ、多くの刺激を受けることでしょう。こうして、感情や感性を複雑に作用させて作者は思いを伝えているのではないでしょうか。

（2）様々な描画表現

世の中にはたくさんの画家やアーティストがいて、それぞれが自分の世界を絵というツールを使って表現しています。その方法は数え切れないほどあり、絵の表現は常に新しく生み出されているのです。それは、同じ画材を使った絵画でも、描き方が違えば全く違う絵として世に出さ

れ、その作者のオリジナルの作品として存在するのです。作品は、その人のみが表した唯一無二のものなのです。

　絵本に描かれている絵の画材は様々で、作者が「絵」として見せたい表現方法で表されています。絵本は、子どものための本として広く活用されていますが、「絵」は、子どものためだけに描くものではありません。作者が、「絵」という表現方法を用いて、その一ページに表していく描画は、絵本のストーリーと融合し、おはなしの世界へ読み手を導く魔法のようなものなのです。

　子どもだけに限らず、私たちは絵を見て「きれいだな」とか「おもしろいな」と思うことがあります。魔法にかかってしまうような、つい手を伸ばしてしまう絵本の絵の表現にはどのようなものがあるでしょうか。絵本の描画にも、作者の思いが込められた様々な技法があります。

　一般的には、絵の具やパステル、色鉛筆が挙げられます。しかし、絵本の「絵」は、描くという表現だけではありません。切り絵の技術を取り入れたもの、色々な紙を切り貼りして表現したもの、写真画像を取り入れたもの、ＣＧで作られたもの、異素材のものを紙の上に貼り付けて場面が作られているものなどがあります。

　ひとつ例を挙げると、『かみさまからのおくりもの』では、絵ではなく貼り絵の技法が使われています。はさみで切られた様々な風合いの色画用紙を効果的に使用して雰囲気を作っています。紙の質感が伝わる描画は、ほっこりと優しい気持ちになります。

　同じ貼り絵の技法を使った『おばけのてんぷら』でも、紙の質感の優しい雰囲気がありますが、柄の紙や和紙が貼られていて少しまた雰囲気が違います。手でちぎったような切り口が、登場してくるキャラクターの特徴をさらに強調しているのです。

『かみさまからのおくりもの』
樋口通子／作
こぐま社
1984年　28p　20×25㎝

『おばけのてんぷら』
せなけいこ／作・絵
ポプラ社
1976年　32p　25㎝

『はらぺこあおむし』
エリック・カール／作
もりひさし／訳
偕成社
1976年　25p　25㎝

　また、『はらぺこあおむし』では、紙自体を自ら着色し、場面に応じた色の部分を切り取ってコラージュしています。着色の独創性と、作者特有の描画センスが、マッチしたおもしろい描画です。このように、同じ貼り絵の技法でも、表現者が違うと大きく異なるということがお分かりになるでしょう。

　このことから、絵の表現は本当にたくさんの種類と特徴があって、それぞれを説明することは大変です。しかし、たくさんの絵の表現から、

「好きだな」と思う絵の絵本や、ふと心を動かされた絵の絵本を選び、
自分の感覚で解釈して読めばよいのです。作者の思いを受け取った読み
手が、聞き手に語り継ぐとき、その絵本の表現に複雑な感性を織り交ぜ
ながら聞き手に伝えています。読み手が作者の表現をいかに豊かに読み
解くかが、重要になるのです。

３．発達と絵画

　みなさんは、初めて絵を描いたときのことを覚えていますか。白くて
それほど固くない石を見つけて、アスファルトやコンクリートにこすり
つけるとたちまち色が変わるという体験をしたことや、地面に、木の枝
や指でひっかくと線ができることを楽しんだりした経験があるでしょう。
自然の中の遊びにも「描く」という行動があったかと思います。もっと
遡って、記憶にはないくらい小さい頃、お父さんやお母さんに鉛筆やク
レパスをもらって、紙に思いのまま殴り書きをしたことが、「描く」とい
う初めての行為かもしれません。子どもが絵を描くという最初の行為は、
「なぐり描き」と言って、画材を使って自由に手を動かして紙（土台と
なるもの）に記すことです。この場合、何かを模倣したり想像して描い
たりしているわけではなく、「描く」という行為を行っているのです。
　本能的、無意識的に内面から湧き出てくる「描く」という行動は、表
現の発達段階の初期に見られる大切な現象です。なぐり描きの無秩序な
線や点が、偶然的な模様になり、子どもの想像力を引き出します。その
不思議さや楽しさに気付いた子どもは、「これは〇〇」と、絵に対象のも
のを当てはめるようになります。やがて心と体の成長によって自分の意
思で「描く」ことを楽しむようになります。子どもの日常の経験値が上

24

がり、感情が枝分かれしてくると、描きたいものを描くようになります。

　身体的にも発達してくると、画材を上手に扱うことができるようになり、描くことが活発になっていきます。対象は身近にある興味のあるものが多く、お父さんやお母さんといった、いつも近くにいる人物を描こうとする姿が見られます。

　２歳〜３歳ごろには、点や線がつながって丸が描けるようになり、「頭足人」と言って、顔から足と手が出ているこの年齢特有の表現が見られます（図１）。

　様々な色を使って着色することも、発達の証拠です。色の区別ができたり、ふさわしい色を選択して着色したりすることで、描画の表現が豊かになっていきます（図２）。

　また、多くの実体験が、自分一人だけでなく他者との関わりによって成り立つ時、自分以外の表現を感じ、受け入れる事で感情の理解が深まっていきます。表現とは、他者の存在によって成り立つのです。

　そして、実体験の中で関わる子どもを取り巻くモノや事象との、単なる関わりだけではなく、探求心、興味、関心をさらに深められるような周りの大人たちの働きかけも必要です。

　つまり、幼少期の経験が、描画表現の際にも、豊かな感性として現れるのです。こうして人間が「描く」という表現方法を獲得して、自分の頭の中に浮かぶ情景を目の前に表すことは、自分以外の人に思いを伝えるスキルの一つとなります。

　人は、成長の中で「描く」という行動を繰り返し経験してきました。そのため、表現者が伝えたい事柄を読み取ろうとする力も自然と身についたのです。

　このことから、描画というものは、観るものの感性に働きかけ、心に刺激を与える視覚的なエネルギーと言えるのです。

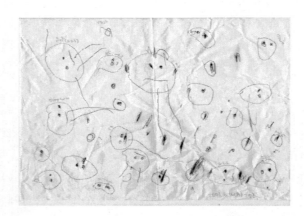

図1.「頭足人」 2歳5か月の頃

図2. 色を使い分ける 4歳6か月の頃

4．絵と言葉の関係

　ドイツの教育学者フレーベルは、著書『人間の教育』の中で、「ことば
と図画とは、もともと両者のいずれもものの表現に関して一切をつくせ
るものではないし、十分なものではなくて、いつも相互に説明しあい、
補いあうものである」と説いています[3]。

　絵本は文字通り「絵」の描いてある「本」です。その絵は、作者の思
いを表した図画ということになりますが、作者がどれだけ強い思いを込
めて工夫して描いたとしても、その絵を見た人が作者の思いを全て理解
することができるのでしょうか。

　多くの人は、美術館に行って絵画を鑑賞したことがあると思います。
美術館に行ったことがなくても、有名な画家の絵を、テレビや雑誌、イ
ンターネットで見たことがあるでしょう。また、中学生や高校生の時に、
美術の教科書で見て学んだかもしれません。

　有名な画家の絵でも、解説がないと何の絵かわからなかったり、解説
があっても作者が表現しているものに見えなかったり、作者の意図がよ
く分からなかったという経験が一度はあるのではないでしょうか。これ
も、受け手の感性によるもので、受け取り方は様々です。

　しかし、絵本の中の図画（絵）は、絵本のストーリーがあって、それ
に即した絵が描かれています。つまり、絵本のストーリーが解説となっ
て、絵の表現をさらに豊かにさせるのです。そして、フレーベルの論じ
ている「いつも相互に説明しあい、補いあうものである」という言葉を
借りるのならば、「いつも絵本のストーリーと、絵が相互に説明しあい、
補いあって絵本の表現を豊かにしている。」ということになるのです。

　私は、娘が幼少の頃、毎晩絵本を読み聞かせていました。赤ちゃんの

27

ころから様々な絵本を読み聞かせましたが、1歳後半になった娘が、ある日、一人で絵本を開いて何かぶつぶつ言っていました。その絵本は『ぞうのババール こどものころのおはなし』という絵本で、1歳の娘には文章も長いお話です。そっとそばに近づき、何をつぶやいているのかを聞いてみたところ、絵本の言葉を読んでいるのです。いや、読んでいるのではなく、絵を見ながら、覚えた文章を声に出していたのです。

『ぞうのババール こどものころのおはなし』
ジャン・ド・ブリュノフ / 作
矢川澄子 / 訳
評論社
1974年　48p　26.8×19.4cm

　当然、1歳の娘はまだ字が読めませんから、彼女の頭にある「記憶」の文章を声に出しているだけです。ページをめくるタイミングも、私の読み聞かせと同じものでした。
　もし、絵本ではなく、これが読み語りだったらどうでしょうか。おそらく、これだけの長い文章を暗唱することはしないのではないでしょうか。娘はこの絵本の絵に興味を覚え、母親が読んでくれる絵本の言葉を彼女なりに理解しようと受け止めて、内面から自然と言葉が溢れていたのでしょう。これは、まさに、絵と言葉が補い合っているということに他ならないと思うのです。

5．音楽と描画の関係

　絵本ケアでは、音楽との融合で、より豊かな絵本の世界を体験することができます。音楽の力というものは、様々な表現の場面で活かされ、多くの場面で影響を与えることは、みなさんも感じていることでしょう。

　絵と音楽について、おもしろい実験をしたのでご紹介します。

　当時5歳と3歳の娘がいつものようにお絵かきをしていました。そこで私は、二人の傍でピアノを弾いてみました。はじめは流れるような優しい音楽を弾きました。子どもたちは、なめらかな線を描いていました。二人とも、対象をイメージして描いているわけではなく、思いのままにクレパスを動かして描いていました。そして、徐々に音楽のスピードを上げていき、スタッカートで音を出すと、子どもたちは音に合わせて点々を沢山描き始めました。音を強くすると力強く、弱い音には優しく点を描きました。なんとなく予想はしていましたが、音に合わせて体が動き、絵のタッチも音の強弱で変化することが分かりました。音楽は、目に見えているものの表現を更に豊かに、より複雑にするのです。

　皆さんは「サンドアート」をご存知でしょうか。「サンドアート」とは、砂を使ったアート全般を指しますが、絵本ケアでは、絵本と音楽とのつながりの観点から、「サンドアートシアター[4]」の取り組みにおける表現についてふれておきたいと思います。

　「サンドアートシアター」とは、半透明のテーブルの上に砂を敷き、下から光を当て、テーブルの上で、手を使って砂を薄く広げます。ビデオカメラでスクリーンに映しながら、砂の陰影を利用してさまざまな絵や模様を手で描いていく表現技法です（図3）（図4）。

図3．サンドアートテーブル

図4．サンドアートシアター

音楽と融合させることで、幻想的で美しい描画表現になります。スクリーンに映る砂の絵は、音楽が言葉の代わりにストーリーを語るような、まるで動く絵本のようです。言葉のない描画表現に音楽を合わせてストーリーを表現するのですが、場面にふさわしい音楽を聴きながら絵を見ると、その場面が目の前に浮き出てくるような感覚にとらわれます。

　例えば、写真（図5）にあるように、木が立っている場面に流れる音楽を想像してみてください。

　明るく爽やかな音楽なら、新緑の春の頃を思うかもしれません。この木はこれから花を咲かせるかもしれないと想像が膨らみます。短調で静かな曲がゆっくりと流れたなら、秋の紅葉や冬の落葉の時期が近づいているように感じるのかもしれません。または、短調で力強く、低音で速いスピードで曲が流れたならば、この木はやがて嵐や雷で倒れてしまうのかもしれないとイメージがわくかもしれません。曲のイメージも様々ですが、その曲から想像する木の様子も音楽によって様々に変化するのです。

　人は、今までの人生の中で経験してきた現実の出来事に音楽がセットされていることがあります。それは、テレビから流れるＣＭの音楽で印象付けられていたり、ドラマや映画のある場面と音楽が一つのものとしてインプットされていたりして、切り離すことができなくなっているのです。これは、短調の曲は悲しくて切なく、長調の曲は明るく楽しいという、表現を受け止める土台ができているためです。

　このことから、視覚情報（図画）を補うのは、言葉だけではなく音楽も同じであるといえるでしょう。

図5. 木が立っている場面

6. 絵本を使って表現する

(1) 表現することの大切さ

　2018年4月から、新しい「幼稚園教育要領」「保育所保育指針」が施行され、「幼児教育において育みたい資質・能力の三つの柱」と、「幼児期の終わりまでに育ってほしい10の姿」が明確になりました[5]。これまで通り、環境を通して行う保育の中で、豊かな体験を通じて，様々なことを知り、できるようになったことなどを使って 思考力、判断力、

表現力を身に付けていくこと、そしてどのように活用するかという点において表現力が必要であると提示されています。子どもを取り巻く社会情勢が変化する中、変化に対応できる力を養うためには、表現力をいかに身に付けるかということに関係してくるのです。

　絵本の読み聞かせも、ここで言う豊かな体験です。絵本という環境に触れ、絵本から表現に発展させることで子どもの自己表現を楽しむ体験の場を作ることができるのです。

　絵本ケアの実践では、読み聞かせのスキルとして表現力は欠かせないものですが、語り手と聞き手が共鳴し合う循環を体験することで、今までになかった新しい感情を芽生えさせ、あるいは目覚めさせて表出することを楽しむことができます。

（２）　絵本から「つくる」

　絵本の読み聞かせの後、語り手も聞き手もその余韻を楽しみます。人それぞれの感情が心や体の中で湧き起こるわけですが、表現力を高める方法として、絵本を使ってその感情を表に表出させる場を作ることができます。例えば、聞き手が子どもであれば、子どもたちの表情や場の空気を読み取り、子どもの興味・関心を見つけましょう。笑いが起こったり、子どもたちの発言が飛び出したりした箇所や、空気が静まり返るような静寂に包まれた場面がどこなのかによってそれを見つけることができるでしょう。また、子どもは、好きな絵本を繰り返し見たがる傾向があります。大人も、子どもが興味を持つ場面に共感しながら現実の遊びへと導きます。例えば、絵本のおはなしに出てきた人・物・出来事を真似てみます。子どもは模倣が大好きですから、大人がそれを実践してみると子どもは興味津々です。

一例として、第５章の年齢に合わせたおすすめの本で紹介する『わた
しのワンピース』をとりあげてみましょう。このおはなしは、主人公の
うさぎのワンピースの模様が周りの景色の変化に合わせて次々と変わっ
ていくというストーリーです。絵本のページをめくるたびに季節の流れ
と様々な気象、一日の流れが表現されていて、事象の変化を感じること
ができます。子どもたちは、次にどのような模様になるのか期待をもっ
て絵本に目を向けます。たくさんの模様の中で一番好きな模様を問いか
けてみると、子どもは絵をよく見ていますから、どのような模様があっ
たかよく記憶していて驚かされます。そこで、大人がワンピース（紙製）
に模様を描いて着てみるのです。絵本の世界が目の前に現れて、子ども
たちは驚くでしょう。そして自分たちが着てみたい模様を描いてみます。
自分がデザインした模様のワンピース（服）を実際に来てみるというダ
イナミックな遊びの経験を通して、多くの感情の芽生えが起こるでしょ
う。また、絵本の表紙の絵は、うさぎがミシンを使ってワンピースを縫
っていますが、布や糸を使った遊びに発展させてみても良いでしょう。
絵本から、製作の遊びへと発展させる例を挙げましたが、製作表現以外
にも、おはなしの続きをイメージして作って演じてみたり、場面に合う
音楽を作ってみたり、表現の広がりは未知の可能性があるのです。

７．絵本ケアと表現

　私は、おはなし会などで、自分の出番がないとき、聞き手（参加者）
の様子をよく観察するようにしています。語り手が読み聞かせています
が、参加者は語り手ではなく絵本を見ています。語り手は俳優ではない
ので、絵本のそのままの様子を大げさに表現するわけではないのですが、

聞き手の表情はその感情を受け止めて内面に響き、表出されていることが分かります。おはなしの内容によって、笑ったり驚いたり、あるいは不安そうな表情を見せたり、時には涙を流す人もいます。その中でも一番興味深いのは、1歳未満の首が座ったころの赤ちゃんがお母さんの膝の上でじっと絵本を見つめる姿があることです。時には微笑んだり、手足をバタバタさせたり、泣いていたのに泣き止む赤ちゃんもいました。「あーうー」と声を出す赤ちゃんもいます。生まれ持った感性に響く瞬間といえる場面を目の当たりにして感動したことを、今でも鮮明に覚えています。本当に小さな表現ですが、表現したことを一緒に喜び、その感性を豊かに育んでいきたいものです。

　語り手は、聞き手の表現を引き出す仕組みを理解し、読み聞かせを通してお互いの感性を研ぎ澄ませながら表現を共有し、共鳴し合うことを大切にしてください。

（伊藤　久美子）

【引用・参考文献】
1)　伊藤久美子・齋藤陽子（2016）『サンドアートシアターを通して身に付く保育学生の表現力について』日本教育情報学会第33回年会論文集
2)　レイチェル・カーソン（1996）『センス・オブ・ワンダー』新潮社
3)　フレーベル・岩崎次男訳（1973）『世界教育学名著選8　人間の教育幼児教育論』明治図書出版
4)　伊藤久美子（2018）『サンドアートシアターの実践と評価〜学生による他グループ評価に関する考察』日本教育情報学会第34回年会論文集
5)　文部科学省（平成29年告示）『幼稚園教育要領』

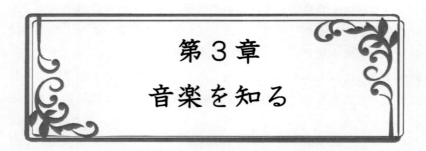

第3章
音楽を知る

　絵本ケアに音楽は欠かせないものです。この章では、音楽について少し学びましょう。

１．音楽の歴史

　音楽はどのようにして始まったのでしょうか。資料や物証が残っていないため、確かなことははっきりしていません。言葉に抑揚をつけて話すうちに歌に発展したとする説や、天災や他の動物から身を守るため打楽器を鳴らしたというような説があります。ドイツ・ウルム近郊の洞窟から出てきた骨の笛は約３万６千年前のものと推定されており、最古の管楽器と言われています。資料が残っているのは、紀元前５世紀の古代ギリシャ時代以降です。その後、中世、ルネサンスと引き継がれます。
　実際にみなさんが絵本に音楽を融合させる場合、この中世以降の音楽を使用することが多くなると思います。さっそく、各時代の中心となった音楽について詳しく見ていきましょう。

（1）　中世、ルネサンス（9～16世紀）

　この時代、ギリシャからローマへと伝わったキリスト教はさらにヨーロッパの各地に広がりをみせます。これに伴い、教会音楽が各地で独自の発展を遂げることとなりました。やがて、グレゴリオ聖歌という礼拝のための音楽が台頭し、そこで主に用いられていたのが教会旋法でした。教会旋法とは、バロック期以降に生まれ、現在広く普及している長音階、短音階といった調性音楽とは異なる旋法です。ニ・ホ・ヘ・トの4種類の終止音とそこから1オクターブ上の同じ音、間に終止音から5度上の支配音を挟み構成されています。

【教会旋法】

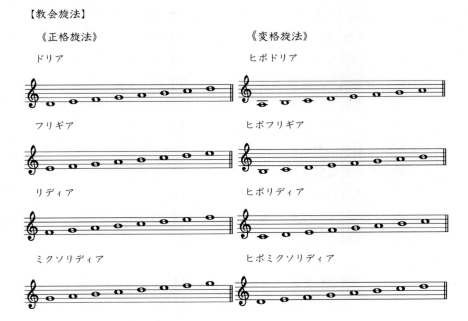

　図に示されている各旋法をピアノで弾いてみてください。それぞれに、みなさんが耳慣れている長音階・短音階とは異なる、不思議な響きがすると思います。ただし、イオニア旋法とエオリア旋法、そして、ピポイオニア旋法、ピポエオリア旋法については聴き慣れた響きがするのではないでしょうか。この2つの旋法は教会旋法が誕生した当初は存在しませんでしたが、16世紀になり誕生しました。それぞれイオニア旋法が現在の長音階、エオリア旋法は現在の短音階の基となっています。中世にはそれぞれの旋法を基に複数の旋律を重ねた多声音楽が生まれ、発展していきます。またここで紹介した旋法の他に、ロクリア旋法、ヒポロクリア旋法が存在しましたが、ロクリア旋法を例にあげると、終止音のロ音と支配音のヘ音の間がトライトーン（隣り合う音が全て全音の関係にある、増4度または減5度音程）で構成されています。完全4度下で全く同じ音程の関係にあるヒポロクリア旋法についても、同様です。これらは、この時代には「悪魔の音程」とされ、嫌われたことから使用されることはありませんでした。

（2）　バロック期（17世紀初頭～18世紀半ば）

　地域によって誤差はありますが、1600年から1750年頃のおよ

そ１５０年をバロック期と言います。１６００年というと、日本では関ケ原の戦いの頃です。

　バロック期の前のルネサンス時代の美術や文芸・建築は、非常に均整の取れた、落ち着いた美しさを持っていました。対して、バロック時代は、装飾が華やかになり、勢いや迫力を持つものと変化していったのでした。ルネサンスが「静」であるとすると、バロックは「動」の性質を持っています。バロックという言葉は「ゆがんだ真珠」という意味を持つと言われていますが、ルネサンス芸術と比較して躍動感溢れる様子を言い表しています。音楽の世界では必ずしも美学の世界と同様の変化を遂げたわけではありませんが、あくまで時代を指す言葉として使われています。

　バロック期にはオペラが誕生し、ヴァイオリンなどの楽器の制作がピークを迎えます。有名なアマーティやストラディヴァリといった製作者はこの時代の人物です。彼らの作った素晴らしい楽器がきっかけとなり、協奏曲やソナタなど器楽曲が発展して有名なヴィヴァルディやＪ．Ｓ．バッハが活躍した１８世紀のバロック音楽へと繋がっていきました。また、楽器の種類が増えたため、音の高さや調子を合わせるために平均律が確立されました。平均律とは、１オクターブを１２等分した調律法です。ドからさらに高いドまで１オクターブ分、半音を含めて数えると１２の音があることが分かるでしょう。この１２の音をそれぞれ主音とし、長調・短調でそれぞれ１２ずつ、合わせて２４の調性が生まれました。これをもとにＪ．Ｓ．バッハが「平均律クラヴィーア練習曲集」を作曲し、平均律は世に広まりました。バロック音楽時代にはルネサンス時代の多声音楽から、一つの声部を和音で支えるスタイルへと変化していきましたが、Ｊ．Ｓ．バッハはこの流れには乗らず、ルネサンス時代の様式で作曲しています。いずれにしてもバロック音楽は優雅で格調高い雰

囲気を持った作品が多く存在します。

【バロック期の代表曲】

作曲者	楽曲
パッヘルベル	カノン
ヴィヴァルディ	ヴァイオリン協奏曲「四季」
J．S．バッハ	G線上のアリア
	主よ、人の望みの喜びよ
	トッカータとフーガ ニ短調 BWV565
ヘンデル	オラトリオ「メサイア」より『ハレルヤ』

（3） 古典派（18世紀半ば〜後期）

　1750年〜1820年頃は西洋音楽史上では古典派の時代です。この時代は近代哲学が誕生し、啓蒙主義が広まったことで、絶対王政は揺るぎ始めます。政治や経済、文化活動までもが市民の手に移りました。この流れは最終的にフランス革命へと繋がり頂点を迎えます。世の中の変化は音楽の世界にも影響があり、宮廷や貴族に雇われていた音楽家たちは働く場所を失いました。そして、啓蒙主義の浸透によって、キリスト教の精神よりも理性を重んじ、現実主義となったことで、教会音楽の演奏家たちも行き場をなくします。これにより、音楽は宮廷や貴族のものから市民が楽しむものへと変化していきました。古典派を代表する作曲家のモーツァルトも、もともとはザルツブルク宮廷音楽家でしたが、大司教と仲違いしたことで無職となり、フリーランスの音楽家として活動していました。モーツァルトより14歳年下のベートーヴェンは初め

からフリーとして活動しました。モーツァルトが貴族と同じかつらをかぶっているのは、元は宮廷音楽家だったからなのです。モーツァルトより２４歳年上のハイドンはハンガリーの貴族エステルハージ侯爵家の楽長を務めました。このような時代背景から、ハイドンやモーツァルトは宮廷や貴族が望む楽曲を多く残しましたが、ベートーヴェン以降の音楽家は自分自身の表現したい音楽を追求していきました。これは絶対王政が崩壊し、啓蒙主義が広まったことが影響しています。この時代に生まれた音楽は、バロック時代のような荘厳さはなく、人間的で感情的、表情豊かなものであり、このような音楽により合ったホモフォニーという様式で作曲されました。

ホモフォニー…単旋律に対して、縦に複数の声部で構成した和声が支えている音楽。

【古典派の代表曲】

作曲者	楽曲
ハイドン	弦楽四重奏曲第６７番 ニ短調「ひばり」
モーツァルト	交響曲第４０番 ト短調 Ｋ．５５０
	交響曲第４１番 ハ長調 Ｋ．５５１「ジュピター」
	アイネ・クライネ・ナハトムジーク ト長調 Ｋ．５２５
	きらきら星変奏曲
	ピアノ・ソナタ第１１番 イ長調 Ｋ．３３１ （３００ｉ）「トルコ行進曲」付き
	オペラ「魔笛」Ｋ．６２０より 『夜の女王のアリア』

ベートーヴェン	交響曲第５番 ハ短調 作品６７「運命」
	交響曲第９番 ニ短調 作品１２５ 「合唱付」
	ピアノ協奏曲第５番 変ホ長調 作品７３ 「皇帝」
	ピアノ・ソナタ第８番 ハ短調 作品１３ 「悲愴」
	ピアノ・ソナタ第１４番 嬰ハ短調 作品２７－２「月光」
	ピアノ・ソナタ第２３番 ヘ短調 作品５７ 「熱情」
	ヴァイオリン・ソナタ第５番 ヘ長調 作品２４「春」

（４）　ロマン派（１９世紀～２０世紀後半）

　ロマン派の時代は、前期ロマン派、後期ロマン派、ドイツ新古典派、国民楽派と分類することができます。古典派の時代は、啓蒙主義の影響により、合理的、理性的な面が音楽にも色濃く表れ、調和的で形式的にも非常に均整の取れた楽曲が多く生まれました。そのような中、フランス革命により絶対王政は終わり、王族中心の社会から個人主義へと世の中が変化していきます。人々は型にはまったものからの脱却を求め、喜びや苦悩、恋愛感情など、人間の持つ感情を前面に出していきたいと考えるようになります。また、祖国への愛情を込めて音楽に表す作曲家も多く誕生しました。ベートーヴェンの生きた時代はちょうど、古典派か

らロマン派へ移行する頃で、まさにベートーヴェン自身がその扉を開けた第一人者でもあります。ロマン派の時代は多くの名曲が生まれ、華やかな時代となりました。代表的な作曲家は、前期ロマン派では、シューベルト、メンデルスゾーン、ショパン、シューマン、後期ロマン派では、ベルリオーズ、リスト、ワーグナー、ヴェルディ、ドイツ新古典派ではバッハやベートーヴェンの流れを汲んだブラームス、国民楽派に属するのはロシア五人組のバラキレフ、ボロディン、キュイ、ムソルグスキー、リムスキー＝コルサコフ、そしてややロシアの民族性は弱まりますが、チャイコフスキー、チェコスロバキアのスメタナ、ドヴォルザーク、ヤナーチェク、スペインのアルベニスやグラナドス、ファリャ、北欧ではグリーグやシベリウスです。１９世紀後半には、ヨハン・シュトラウス２世、ビゼー、サン＝サーンス、フィーレ、ブルックナー、マーラー、ラフマニノフが活躍しました。その他にも大勢の作曲家や楽曲が誕生した華やかな時代でした。

【ロマン派の代表曲】

作曲者	楽曲名
シューベルト	交響曲第７番 ロ短調 Ｄ．７５９「未完成」
	歌曲集「冬の旅」作品８９ Ｄ．９１１
	「魔王」作品１ Ｄ．３２８
メンデルスゾーン	ヴァイオリン協奏曲 ホ短調 作品６４
	劇付随音楽「夏の夜の夢」作品６１より『結婚行進曲』
	無言歌集より「春の歌」作品６２－６

ショパン	ノクターン第2番 変ホ長調 作品9-2
	12の練習曲 作品10より第3番「別れの曲」
	バラード第1番 ト短調 作品23
	「24の前奏曲」作品28より 第15番『雨だれ』
	ピアノ・ソナタ第2番 変ロ短調 作品35「葬送行進曲」付き
	ワルツ第6番 変ニ長調 作品64-1「小犬のワルツ」
	即興曲第4番 嬰ハ短調「幻想即興曲」
シューマン	「幻想小曲集」作品12より『飛翔』
	「子供の情景」作品15より『トロイメライ』
	ピアノ協奏曲 イ短調 作品54
リスト	ピアノ協奏曲 第1番 変ホ長調 S．124/R．455
	「パガニーニによる大練習曲」S．141/R．3bより『ラ・カンパネラ』
	愛の夢 S．541 第3番
ワーグナー	オペラ「ローエングリン」より『婚礼の合唱』
スメタナ	「わが祖国」より『モルダウ』
ヨハン・シュトラウス2世	「美しき青きドナウ」作品314
ブラームス	交響曲第1番 ハ短調 作品68
	ハンガリー舞曲 第5番
サン＝サーンス	「動物の謝肉祭」より『白鳥』

ビゼー	オペラ「カルメン」
ムソルグスキー	組曲「展覧会の絵」
チャイコフスキー	ピアノ協奏曲 第1番 変ロ短調 作品23
	バレエ音楽「白鳥の湖」
	バレエ音楽「くるみ割り人形」
ドヴォルザーク	交響曲第9番 ホ短調 作品95「新世界より」
グリーグ	ピアノ協奏曲 イ短調 作品16
マーラー	交響曲 第1番 ニ長調「巨人」
シベリウス	交響詩「フィンランディア」作品26
ラフマニノフ	ピアノ協奏曲第2番 ハ短調 作品18
	前奏曲 嬰ハ短調「鐘」

（5）　印象派音楽（19世紀後半～20世紀初頭）

　　この時代はフランスを中心に、ボードレールやマラルメといった詩人たちが写実主義、リアリズムへの反動として象徴的な表現を求める芸術運動を起こしました。これに影響を受けて音楽の世界では、ドビュッシーやラヴェル、サティが活躍します。ドビュッシーはマラルメの「半獣神の午後」の詩をもとに、「牧神の午後への前奏曲」を作曲しました。また、美術分野ではモネやルノワールら印象主義の画家達の絵画とドビュッシーの音楽作品は強い関連があります。絵画でも写実的表現は避けられ、輪郭を曖昧にしたものや光や空気を表現することを目指していましたが、音楽でも自然や風景を表現した作品が多く誕生しました。ドビュッシーは調性音楽からの脱却を目指して、教会旋法や後に述べる全音音階を採用し、異国情緒を盛り込んだ作品を多く発表しました。なお、印

象派音楽というとドビュッシーの印象が強く、それは間違いではないのですが、同時代に生きたラヴェルは、実は「水の戯れ」をドビュッシーの「水の反映」より先に作曲しています。この作品は印象派音楽を決定づけるものでした。また、レスピーギもオーケストラ作品において色彩豊かな作品を残しています。

【印象派音楽の代表曲】

作曲者	楽曲
ドビュッシー	交響詩「海」
	「ベルガマスク組曲」より『月の光』
	「前奏曲集第1巻」より『亜麻色の髪の乙女』
サティ	ジムノペディ第1番
ラヴェル	水の戯れ
レスピーギ	交響詩「ローマの噴水」
	交響詩「ローマの松」
	交響詩「ローマの祭」

（6）　現代音楽（20世紀～21世紀）

　大きな戦争が起きた20世紀には、これまでの音楽の流れを汲んで多様な音楽が誕生しました。

　音楽技法的には、シェーンベルク、ベルク、ヴェーベルンなどの作曲家を中心に、無調音楽、12音音楽が確立されていきました。ヒンデミットや、文字通り神秘的な響きを持つ神秘和音を多用したスクリャービンもこの影響を受けています。これらの音楽では、完全に調や調性から

46

は脱却して主要三和音の優位性は消え、機能和声は崩壊し、全ての音は平等に扱われます。調性が崩壊するということは、長調＝明るい、楽しい、短調＝暗い、悲しいといった対極にある二つのイメージからも抜け出し、様々な表現に繋がっていきます。技法的には、全音音階など調性感の薄い音楽を生み出した印象派音楽の流れの後にあると言えます。その他、表現主義の影響を受けた作曲家としてあげられるのが、ハンガリーのバルトークとコダーイです。この二人はハンガリーの民謡を中心に研究して民族色の強い音楽を世に生みだしました。また、バロック期や古典派へ回帰した新古典主義の作曲家として、ブゾーニ、ストラヴィンスキー、ヒンデミット、プロコフィエフ、フランス六人組（ミヨー、デュレー、オネゲル、タイユフェール、プーランク、オーリック）などがあげられます。ラヴェルは色彩的な音楽を創り出し、自然、風景も表現しており印象派音楽の作曲家でもありますが、作曲技法的には新古典主義に属すると言えます。その他、戦後流行したジャズを取り入れたアメリカのガーシュウィン、その後同じくアメリカのケージはピアニストが一切演奏しない「4分33秒」など、作曲者や演奏者も予測不能な偶発性の音楽、不確定性の音楽を追求しました。

【現代音楽の代表曲】

作曲者	楽曲
ラヴェル	ボレロ
シェーンベルク	弦楽四重奏曲第2番 嬰ヘ短調 作品10
バルトーク	ルーマニア民俗舞曲 Sz.56
	ミクロコスモス Sz.107, BB105

コダーイ	ハンガリー詩篇 作品13
	ハーリ・ヤーノシュ 作品15
ストラヴィンスキー	バレエ音楽「火の鳥」
	バレエ音楽「ペトルーシュカ」
プロコフィエフ	交響的物語「ピーターと狼」作品67
	バレエ音楽「ロメオとジュリエット」作品64
ガーシュウィン	ラプソディー・イン・ブルー
	アイ・ガット・リズム
プーランク	ピアノ、オーボエとファゴットのための三重奏曲

　この他にも、特に現代は紹介しきれないほど多様な音楽にあふれていますが、第7章以降で紹介する絵本ケアに特に関連するものとしてここまでの音楽史の紹介とします。

2．様々な音階

　現代、私達が耳にして心地良い、「慣れて」いる音楽は先に述べたバロック期、古典派、ロマン派を中心に用いられている調性音楽であることがほとんどです。したがって、みなさんが絵本に合わせる音楽を選曲する際も、まず思い浮かびやすいのは調性音楽だと思います。調性音楽とは、主となる音があり、その主となる音を含む七音で構成される音階、また長調・短調による機能和声に基づいて作られた音楽を指します。それはおおいに活用していいのですが、応用編として、教会旋法やその他、全音音階、日本や世界各地の五音音階など、西洋音階以外の音階を用い

た楽曲を使用したり、少しレベルアップして作曲をしたりすることで音楽のバリエーションが広がり、絵本の世界にさらなる豊かな色づけができるでしょう。以下にいくつかの音階を紹介します。

（１）　全音音階

　全音音階という音階は、２種類存在します。その２種類については、以下の通りです。それぞれ記されている音を、ピアノでダンパーペダル（一番右側のペダル）を踏みながら柔らかいタッチで順に重ねるように弾いてみてください。

【全音音階】

　どうでしょうか。それぞれ、宇宙空間のような、どこか異世界のような響きがしませんか。作曲というほどのことをしなくても、このようにただ単純に低い音から順に弾くだけで独特の雰囲気を作ることもできます。また、この音だけを使用してオリジナルのリズムや旋律で音楽を作ってもいいのです。

（２）　五音音階（ヨナ抜き音階）

　日本文化の色が強い場面を音楽で表現したい時には、日本古来の五音音階が役立ちます。種類は様々ですが一例として次に示す五音とします。

【五音音階（ヨナ抜き音階）】

　この五音のみでいくつかの音を組み合わせて（音高の異なる同音は使用することができます。）まずは1フレーズ考えてみてください。不思議と和の雰囲気が感じられると思います。実はここにあげたヨナ抜き音階は、日本の伝統音楽だけではなく、スコットランド民謡でも使われています。有名な『蛍の光』はこの音階を使って作曲されています。

（３）　琉球音階

　時には沖縄を描いた絵本や場面に音楽を合わせることがあるかもしれません。その場合には、琉球音階を基に作曲してみるといいでしょう。

【琉球音階】

（４）　半音階

　どこかを行ったり来たり、そんな響きがするのは半音階です。以下に示す音階の一部だけを演奏してもさまよっているような雰囲気が出ます。

【半音階】

　このように、調性音楽以外にも魅力的な音楽はたくさん存在します。また、副次的な産物として、そのような様々な音楽を知ることや演奏することで、あなたの中の音楽、そして表現力はさらに磨きがかかることになります。ぜひ、楽器で遊ぶようなつもりで、積極的に試してみてください。

　　　　　　　　　　　　　　　　　　　　　　（加藤　由紀子）

【参考文献】
1）岡田暁生（2017）『西洋音楽史』中央公論新社
2）菊池有恒（1996）『楽典 音楽家を志す人のための 新版』音楽之友社
3）久保田慶一（2017）『音楽史を学ぶ 古代ギリシャから現代まで』教育芸術社
4）寺西春雄（2000）『音楽史のすすめ』音楽之友社
5）美山良夫・茂木博（1998）『音楽史の名曲 グレゴリオ聖歌から前古典派まで』春秋社

絵本ケアコンサートでピアノ演奏をする様子

第4章
絵本について

1. 活字離れ

　ここまで絵本ケアのこと、その関連領域である表現について、また、音楽についても色々と知って頂きました。この章では、今、私達が生きている世の中の現状を知りつつ、絵本についてお話ししたいと思います。
　現代は、新聞を読まない人が増えています。新聞通信調査会の「第11回メディアに関する全国世論調査」[1]においても、月ぎめで紙の新聞を読んでいるのは63％という結果が出ています。学校の授業のなかでも「次回の授業で新聞紙を使った遊びをするので古新聞を持ってきてください」と声を掛けても、学生の約半数が「家に新聞がありません」と答えるのを目の当たりにして、今は、本当にそのような時代になったことを私自身が実感しています。
　また、ノートを取ったり、レポートを書く際には学生に正しい文字を書いて欲しいと願い、辞書を使ってきちんと調べてから文を書くように指導するのですが、学生は「辞書は使いません。スマホでいいですか？」と聞いてきます。学生は、紙の辞書や辞典を使うことはほとんどないようです[2]。わからないこと、知らないことを調べる時も、読めない漢字、

書けない漢字がある時も、全てスマートフォンを頼りにしていることを知りました。このように、紙の辞書も本のひとつと捉えるなら、学生が書物のなかの活字に触れる機会は少なくなっていることがわかります。どの家庭にも１冊はあった分厚い電話帳も、全戸配布はなくなりました。細かい文字や数字とにらめっこしながら調べた時刻表も、もう、どの家においてもほとんど見かけません。世の中のペーパーレス化が進んだことも関係してか、人々が書物から必要な情報を得て生活するということ自体がなくなりつつあります。つまり、日々の生活のなかで自然と新聞や辞書等の書物に触れ、文章を読むという習慣がなくなり、このような環境の変化に伴って若者の活字離れは益々進んで、最近では、本を読むことが趣味ですという人も少なくなってきているように思います。実際、２０１７年の全国大学生活協同組合連合会の調査[3]によると、大学生の１日の読書時間は０時間という回答が５３．１％もあり、約２人に１人は全く本を読まないという結果が出ています。

　しかし、このような時代においても、絵本はなお生き残っています。絵本には難しい漢字も出てこなければ、長々とした文章もありません。そして、絵本のメッセージは文だけではなく、絵からも伝わってくるので、大変わかりやすく、絵本を開いてパッと見ただけでもイメージがふくらみます。また、絵本は、時間をかけずに次々とページをめくって読み進めやすいという印象もあります。絵本は子どもにとっても、大人にとっても親しみやすく、非常に読みやすい書物なのです。だからこそ、いまだに絵本はデジタルではなく、アナログのものも生き残り、書店や図書館に並び続けているのだと思います。絵本は、一番わかりやすい本といってもいいのかも知れません。また、絵本には、一般の書物と同じように楽しいもの、悲しいもの、面白いもの、考えさせられるもの、生きる力や知恵を育むものなど色々あって、絵本を読むことによって人生

を考えたり、感情を動かされたりします。絵本には不思議な力があるのです。そして、今は昔と違って、絵本の種類も驚くほどたくさんあります。普段、本を読まない人たちも、絵本コーナーに足を運んでみてください。きっとわくわくして思わず絵本を手に取ってしまうでしょう。

　活字離れが進んだ人々で溢れかえった現代社会においても、絵本は対象者を問わず誰にでも受け入れやすいものです。本を読むこと、書物に触れるきっかけとしても、絵本の良さを再認識し、絵本を身近なものとして、ぜひ生活のなかで役立てて欲しいと思います。

２．人との触れ合い

　最近、学校でも職場でも人間関係に悩む人たちがいます。文部科学省の不登校児の調査結果[4]によると、小中学校、高校でも不登校児は増加しており、人との触れ合いが苦手な子どもたちは多いようです。

　皆さんは、人に用件を伝えたい時、どうしていますか？改めて考えてみると、用事がある時に手紙を書いたり、電話をすること、さらには直接会って話をして伝えるということも減ってきているように思います。これらは昔、当たり前のことでしたが、平成の年を迎えた頃から携帯電話の急速な普及によって世の中はガラッと変わってしまいました。

　いま、人々の情報収集およびコミュニケーションの手段は、その大半が携帯電話だと思われます。２０１８年７月発表の総務省の情報通信白書[5]を見ても、スマートフォンを含むモバイル端末全体の世帯保有率は、約９５％にもなり、パソコンの世帯保有率（約７０％）を超えました。現代に生きる私達は多忙であり、特に日本人は相手のことを思いやる傾向もあって、用件があったとしても相手に迷惑をかけないよう、時間と

場所を問わず、気軽に送れるメールやＳＮＳといった便利な方法を選択しがちです。私達は普段から、友人知人とはもちろん、家族間の連絡においてもメッセンジャーアプリを使うことが増えたことを実感しています。その連絡内容も、短文またはバリエーション豊富な絵文字、画像等のやり取り、参考になるホームページの貼り付け等で済ませることが多く、本来の用件（伝えたい内容）や自分の感情（気持ち）などを詳しく文章で伝えたり、それを読んだりするやり取りはほとんどなくなっています。また、わからないことがある時も、人に聞くことをせず、すぐにネットやＳＮＳの情報源に頼ってしまう傾向があり、あらゆる情報を簡単に取り出せる方法として、常にスマートフォンが手放せない状況です。

　つまり、現代人は、文字や文章に親しむ機会が少なくなっていることと同時に、人と会話をする、人の話を聞くという、生活のなかでの何気ない経験も減ってきているように感じるのです。人の顔を見て話す、人の声を直に聞きながら相手の話を聞く、人のそばで場の雰囲気を感じとりながらコミュニケーションをとるという、そんな当たり前のことが出来なくなってきている、なんと寂しいことでしょう。人と会わなくても、声と声で話さなくても連絡ができてしまう便利なメール、ＳＮＳ等の登場によって、相手の顔が見えない画面上でのコミュニケーションに頼りがちな私達は、知らないうちに相手の気持ちを理解していなかったり、やり取りのなかで勘違いをしてしまったりすることもあるのではないでしょうか。人と人との触れ合いが希薄になればなるほど、人間関係もギクシャクしていくような気がしてなりません。

　人と人との触れ合いは、直接、人と会って話すことから始まります。相手と向き合ってその表情を見たり、話している言葉や声色をそばで聞いたりするからこそ、微妙なニュアンスを感じ取れるのだと思います。直接会えば、伝えたいこともしっかりと伝わります。言葉のキャッチボ

ールをしながら、同時に心の交流が行われるので、相手の思いも伝わってくるのです。話すこと、話を聞くことは、とても大切です。これらが、だんだん忘れられていくことは大変悲しいことです。この問題を解決するにあたっては、人と人が触れ合い、話をしたり聞いたりする空間を創り出してくれる絵本が、実は大いに活躍します。絵本は、人と人をつないでくれるものなのです。

３．子どもと絵本

　子ども達にとって絵本は、本来自分で読むものではなく、誰かに読んでもらうものです。実は絵本には、人と人とをつなぐ役割があります。絵本を読む人、読み語りを聞く人、人と人のあいだには絵本があります。例えば、お父さんやお母さんが子どもに絵本を読むことはよくありますね。この時間と空間は、まさに子どもとのコミュニケーションを育む貴重なものとなります。子どもは、お父さんやお母さんの膝の上やすぐ隣で温もりを感じながら安心し、そばで聞こえる優しい声に癒されながら心地良いひとときを過ごします。また、この何ともいえない心安らぐ経験は、自分が愛されていることを実感する時間でもあるのです。お父さんお母さんを独り占めして絵本を読んでもらうこの時間、子どもは自分が大切にされていることを大いに感じます。また、目の前に広がる様々な絵を見たり、たくさんの言葉を聞いたりする体験から、子どもは色々な事柄を学ぶ楽しさを知ります。この楽しい経験は、人を信じること、人と人とが関わることの心地良さや、人と関わりたいという意欲の源になっていくのです。絵本は、本当に素晴らしいですね。

　便利な世の中になり、顔が見えない交流が増え、人との触れ合いが少

なくなってきた今だからこそ、絵本を読んでもらう経験を通して人の話を聞くことの楽しさを豊富に感じ、コミュニケーションの芽を育てて欲しいと思います。どんなに世の中が進化しても、やはり絵本は子育てのなかにしっかりと存在していることを感じます。ぜひ、子どもにも絵本ケアを実践してみましょう。子どもならではの絵本ケアを楽しむことができます。時々、保育園などで絵本ケアを実践する機会がありますが、子どもたちは、音楽と一緒におはなしがはじまると、みんな興味津々で聞いています。子どもに絵本を用いる場合は、子どもの発達をしっかり理解しておくことが大切です。子どもの発達に合わせて絵本を選び、感性豊かに絵本ケアを実践することが求められるのです。大人と違って、子どもは生まれて間もないので、まだ十分に世の中を知りません。頭も体も成長過程にあり、言葉の数も多くはありません。感情表現もまだまだ未熟です。そのような子どもたちには、絵本ケアを実践する前に、それなりの知識を持って臨んで欲しいと思います。

　そこで、第5章では、子どもの発達についてわかりやすくポイントをまとめました。参考にして頂けると幸いです。また、絵本を読む際に、知っておくと良いことの一つに、子どもの発達のなかでも、特に絵本と密接に関わりのある言葉の領域があります。ついては、子どもがどのように言葉を覚えていくのか、絵本のなかでの言葉の役割など、言葉について知って頂く機会として、第6章では言葉についての知識および色々な種類の言葉絵本をご紹介しました。こちらもぜひ、参考になさってください。子ども対象の絵本ケアには、子どもが理解しやすい内容の絵本（年齢に沿っている）、子どもが十分に楽しめる絵本（発達に合っている）を選ぶことが何より大事です。絵本に音楽を合わせる時にも、本来であれば第7章にあるように、ピアノ等で曲を生演奏するのが一番良いのですが、演奏者がいない場合はＣＤ等で音楽をかけながら読み語ることも

あります。それでも良いのです。本当は語り手と演奏者が心を合わせて実践することが望ましいのですが、語り手だけで行う場合は、子どもの表情や様子等に気を配りながら子どもと心を通わせ、共鳴し合う空間を意識して実践してみてください。また、子ども向けの絵本には、ピアノの演奏ばかりでなく、楽器等で効果音をいれるだけでも良いですし、言葉にリズムをつけて読むだけでも楽しめることがあります。時にはおはなしのなかで一緒に歌をうたったり、手拍子をして楽しむのも良いでしょう。特に年齢が小さい子どもの場合は、合間に手遊びなどをいれます。その場合も、わらべうた絵本など、絵本を用いて遊びが展開できるものもあります。子ども向けの絵本ケアでは、絵本を活用して参加型の形式で実践を楽しむことが多いのです。いきいきとした明日を生きる力を育むという絵本ケアの目的に違いはありませんが、子どもが対象の場合は、子どもの特性をしっかりと理解したうえで絵本を選び、実践することが重要な鍵となります。子どもの場合、絵本を読むにあたっては、実践する側が強制的に静かに聞かせようとすることは、絵本ケアの本意ではありませんので気を付けてくださいね。

４．大人と絵本

　時代を問わず、幼い頃には、絵本はいつも子どもの身近にあるものです。しかし、なぜか大人になると、誰もが自分とは関係のないものとして絵本から遠ざかってしまいます。とても残念なことです。絵本を読んでもらった時の、あの感覚を思い出してください。絵本は、あなたを癒し、時には背中を押してくれるでしょう。たかが絵本、されど絵本、絵本は人生の心強い味方です。絵本は、子どもから大人まで生涯にわたっ

て愛、希望、夢など、生きる力を育んでくれます。今では絵本も、綺麗な写真の絵本やイラストの絵本、詩の絵本や恋愛の絵本など、本当に多くの種類があります。絵本の絵の表現も個性的なものもあり、きっとあなたの目に留まるものもあるでしょう。絵本のおはなしについても、大人の心に響くものがたくさんあります。

　大人である私達も、絵本で泣いたり笑ったり、驚いたり、考えたり、不思議だと感じたりするものです。人と人とが触れ合い、音楽と語りで紡ぎ出す絵本ケアは、絵本のおはなしをより効果的に読み聞かせてもらえる手法のひとつです。絵本ケアを通して人の温もりを感じながら、ぜひあなたも音楽とともに様々な絵本の世界を体感してみてください。

（真下　あさみ）

【参考資料】

１）公益財団法人新聞通信調査会『第１１回メディアに対する全国世論
　　調査　新聞の読み方』（2018）
２）株式会社イード「イード・アワード電子辞書２０１８」
　　教育情報サイトリセマム　https://resemom.jp/（参照 2018）
３）『全国大学生活協同組合連合会第５３回　学生生活実態調査
　　日常生活について　読書時間』（2017）
４）文部科学省『平成２８年度児童生徒の問題行動・不登校等生徒指導
　　上の諸課題に関する調査　不登校児童生徒数の推移』（2018）
５）総務省『平成３０年度　情報通信白書第２部基本データと政策動向
　　第２節ＩＣＴ利用動向　インターネットの利用動向（1）情報通信機
　　器の保有状況』（2018）

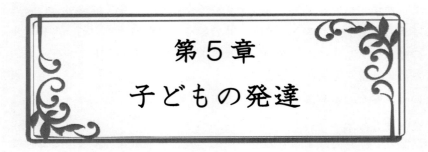

第5章
子どもの発達

　絵本ケアを行ううえで、子どもの発達を知ることは、とても大切です。子どもの発達は月齢や年齢、また子どもそれぞれによって大きく差があります。目安として発達を知り、理解していくことから始めていきましょう。子どもを対象として絵本を読む時には、ぜひ役立ててください。
　この章では、絵本を読んでもらう年齢の子どもの発達についてとりあげました。運動機能の発達を「からだ」、認識や言葉の発達を「あたま」、社会性や感情を「こころ」と分けて解説していきます。(言葉の獲得に関しては第6章で詳しく解説しています。)

１．誕生〜３か月頃

（１）　からだ

　誕生後、母胎内から外界への急激な環境の変化に適応し、著しい発達が見られる時期です。
　生まれてすぐの赤ちゃんは、自分で動いてお乳を飲むことはできません。しかし、この頃は口唇探索反射や吸啜（きゅうてつ）反射などの原

始反射や生理的微笑が見られる時期で、口の前にあるお乳を吸う力、大人の心を動かす力は持っています。大人に世話をしてもらい、2～3時間おきにお乳を飲み、1日の大半を寝て過ごし、日に日に成長していきます。

　少しずつですが、頭を左右に動かしたり、音のする方へ顔を動かしたりすることもできるようになります。音の鳴るおもちゃや語り掛け、歌声など、音に対して敏感に反応します。

　首がすわりはじめると、抱っこした時、首が不安定だったのが、次第にしっかりとしてきます。首がすわっていない時でも、うつぶせにすると頭を持ち上げようとします。頭を持ち上げていられる時間が増えてくると、不安定だった首が安定してきます。

　手足を動かすことが多くなり、ハンドサッキングやハンドリガードが見られるようになります。

口唇探索反射…唇の周りに指先などで触れると、その方向に顔を向けて
　　　　　　　口を開く動作
吸啜反射…口の中に入ったものを無意識に吸い付こうとする動作
原始反射…生まれたときから見られ、成長とともに徐々に消失する反射
生理的微笑…感情や気分に関係なく、
　　　　　　無意識に出る微笑
ハンドサッキング…手しゃぶり
ハンドリガード…自分の握った手を
　　　　　　　　じっと見つめる

（ハンドサッキング）

（2）　あたま

　生まれたての赤ちゃんの視力は、授乳中の母親や抱っこしてくれている人の顔をぼんやりと見ることができる程度です。色よりも、白黒の方が見やすいようです。妊娠中や産後のお母さんの乳首が黒ずむのも、ホルモンの影響ではありますが、赤ちゃんが乳首を見つけやすいようにという説もあります。次第に赤や黄色、緑などはっきりした色を注視したり追視したりできるようになります。

　耳はお腹の中にいる時から聞こえているとされています。赤ちゃんの出すサインに応答的に、たくさん関わっていくことが愛着関係を築いていくうえで大切です。

　泣いたり、「あー」「うー」など母音を発するクーイングで声を出したりし、サインを出します。それに応えるように大人が世話をする、この繰り返しで情緒的な絆、愛着関係を築いていきます。

注視…じっと見つめる
追視…動くものを目で追う
愛着関係…愛情の絆、心の結びつき

（3）　こころ

　原始反射の消失から、あやすと笑う社会的微笑に変わり、大人との関わりや絆もより深くなっていきます。お母さんの声に反応し微笑んだり、抱っこするお母さんの顔を追視したりする姿も見られます。

社会的微笑…相手に対し、声をともなう笑顔を向ける

おすすめの絵本

『いないいないばあ』
　松谷みよ子 / 文　瀬川康男 / 画
　童心社
　1967年　20p　21cm

『くだもの』
　平山和子 / 作
　福音館書店
　1979年　24p　22×21cm

２．生後３か月～６か月頃

（１）からだ

　首のすわりが安定してきます。横抱きから縦抱きができるようになるので、視線も天井方向から、前へとかわります。大人の膝の上で支座位をすることもできるようになるので、視野が広がります。

昼間、起きている時間が増え、夜も長く眠れるようになり、昼夜の区別がついてくるので、起きている時は手足をすり合わせ一人で遊ぶ姿も見られます。

　うつぶせの状態で頭だけを持ち上げていたのが、胸まで持ち上げることができるようになるので、手足をより自由に動かしたりするようになります。目の前のものや触れたものを握っては、口に持って行き確認します。目と手の協応がはじまるとリーチングが見られ、少し離れた物を取ろうとします。

　あお向けの状態から体を左右に動かし傾けるなどして遊ぶようになると、不意に寝返りをするようになります。元に戻れなくて泣く子や、同じ方向にしか寝返りがうてない子、月齢が進んでもなかなか寝返りをしない子、いろいろな姿があります。

　うつぶせの姿勢が安定してくると、飛行機のようなグライダーポーズをする子もいます。この姿勢が、腹ばいやはいはいにつながっていきます。

支座位…支えられて座る姿勢
リーチング…手を伸ばして物を取る動き
グライダーポーズ…
　　うつぶせの状態で、手や足を
　　浮かせ、胸・お腹だけで身体を
　　支える姿勢

（グライダーポーズ）

(2) あたま

　視力が発達すると、はっきりとした色から見えるようになり、次第にパステルカラーも認識するようになります。少しずつ周りへの興味をもちはじめるので、横抱きや縦抱き、支座位など姿勢に変化をあたえると、違った見え方、遊び方を発見し、追視や喃語が活発になってきます。

(3) こころ

　表情や体の動き、泣きや喃語で自分の要求や欲求を表すようになってきます。特に生理的な不快は泣いて表現します。要求や欲求を満たしてくれた人に対し、信頼感を抱くようになり、快の時は笑ったり、声を出したりします。いつもお世話をしてくれる人の顔を認識するようになるので、見慣れない人がいると怖がり警戒します。これが初期の人見知りです。

おすすめの絵本

『がたんごとんがたんごとん』
安西水丸 / さく
福音館書店
1987年　20p　18×19cm

３． 生後６か月〜１歳未満

（１） からだ

　支えられて座ることから、次第に一人で座れるようになってきます。座位姿勢が安定してくると、両手が自由に動かせるので、片方の手からもう片方の手へ持ち替えたり、ものを持ってたたき合わせたりすることができ、座った状態でおもちゃを手に取りひとり遊びをするようになります。

　手のひら全体でものをつかんでいたのが、ピンチ把握ができるようになり、積み木を一つ積むことや、物を出したり入れたりを楽しむ、スプーンを持って食べるなど、細かな作業もできるようになっていきます。クレヨンやペンなどを握ると、なぐり描きをするようになります。

　腹ばいから、ピボットターン、はいはい（ずりばいから四つばい、高ばい）へと変化していき、自分の意思での移動がはじまります。

　はいはいからお座り、その逆のお座りからはいはいなど姿勢の変換や、はいはいでの移動がスムーズになってくると、行動範囲がますます広がっていきます。

　はいはいにも個人差があり、スタイルも様々です。また、はいはいをほとんどせずに立つ子や、座ったまま移動する子、なかなか立たずにはいはいで移動する子、また生活環境からはいはいをするスペースが無く、あまりはいはいをせずにつかまり立ちからつたい歩きをする子など様々です。

　１０か月前後から、つかまり立ちやつたい歩きなどで両足で身体を支える状態になると、ひとり立ちができるようになります。初めの頃はバ

66

ランスをとれず、不安定な状態ですが、次第に足の裏全体で体を支えられるようになると、座った状態から、両手を前につきお尻を上げ、中腰姿勢から両手を胸よりも上にあげてバランスを取りながら立つことができるようになります。これがひとり立ちです。

ピンチ把握…親指と人差し指で物をつまむ
なぐり描き…初めは叩きつけるように、次に手を紙の上下に動かすようになり、だんだんと左右に動かすようになる
　　　　　　左右の動きと上下の動きが重なり、円を描けるようになる
ピボットターン…うつぶせの状態から、お腹を中心に足で蹴ったり、腕で押したりして、左右に回転すること
ずりばい…お腹を床に付けた状態で足や腕を使って進むはいはい
四つばい…お腹を持ち上げ、腕と膝で進むはいはい
高ばい…膝を伸ばし、お尻を上げた状態で進むはいはい

（はいはい）

（2）　あたま

　６か月頃には視力は０.１程度まで発達し、やがて奥行きを把握し、立体的に見ることができるようになります。

　「いないいないばあ」をすると、消えてしまった大人がまた現れることが分かってくるので、期待をするようになります。また目の前のものを布などで隠しても探すことができるようになります。今までの経験から消えてしまったと思われるもの、見えなくなったものをイメージし、再び現れることを予知して楽しめるようになります。

　「バイバイ」「こんにちは」という大人の言葉に合わせて手を振ったり、おじぎをしたりするなど、言葉と動作の結びつきが見られるようになってきます。

　１０か月頃には鏡に映った自分がわかるようにもなってきます。

　自分と物や、自分と人の二項の関係のコミュニケーションの形から、自分と物や人ともう一つの物や人の両方を対象とする三項関係が成立するようになってきます。共同注意も可能になり、新たなコミュニケーションの形から言葉の獲得へとつながっていきます。

　また、指さしした指を見ていたのが、指を指した方向を見ることができるようになり、次第に自分でも見つけた物や知っている物を指さすようになってきます。指さしは一語発話期に高頻度で現れるので、言葉の前の言葉として大人が言語化していくことが大切です。

　この時期の絵本の読み聞かせは、三項関係の成立によってより子どもとの絆を深められる方法の一つです。絵本を通して、指さしが見られ、次第に一語文が出てくるかもしれません。こういった、子どもと過ごす時間を楽しみたいものです。

共同注意…相手が指差しや目線で注意したものに、自分も注意を向け、
　　　　共有すること

（3）　こころ

　顔の見分けがつくようになり、見慣れた人を見てよろこぶようになります。また人見知りや場所見知り、後追いなどが強く表れる時期です。子どもによっては、これらがあまり強く見られない子、人見知りなどが激しく２歳頃まで続く子など様々です。
　特定の大人との愛着関係が深まると、その強い信頼関係が情緒の安定の基盤となり、その存在を支えとして探索活動が活発になっていきます。これは自立への大切なプロセスともいえます。
　人の表情を区別することや、大人の仕草を真似る模倣もできるようになり、「ちょうだい」「どうぞ」のやり取りを楽しむようになってきます。しかし、まだ相手の心情までは察することはできないので、子ども同士ではトラブルが起こりはじめます。

おすすめの絵本

『くっついた』
三浦太郎　/　作・絵
こぐま社
２００５年　　２４p　　１８×１９㎝

『じゃあじゃあびりびり』
まついのりこ／作・絵
偕成社
1983年　22p　14×14cm

4．1歳児

（1）　からだ

　ひとり立ちが安定してくると、つかまるところが無くても足を1歩ずつ踏み出すようになります。バランスをとるために姿勢はハイガードポジションで、左右に揺れながら体重を移動させ、何度も転ぶことを経験して上手に歩くコツをつかんでいきます。初めは1歩2歩から、少しずつ歩数を増やしていきます。
　歩くことができるようになると、立つ、しゃがむなどの動作もスムーズに行えるようになっていきます。バランスを取るためにあげていた両腕も徐々に下がってくると、二足歩行に慣れてきた証拠です。
　階段や段差、坂道など両腕をついて登り降りすることや、物を押して歩く、引いて歩く、持って歩くなど、歩くことを楽しむようになり、行動範囲がますます広がっていきます。
　二足歩行の安定により、さらに手指が自由につかえるようになるので、指先の巧緻性（こうちせい）も高まっていきます。器に入れる、出すなど楽しむ時期です。なぐり描きも叩きつけるように描いていたのが、ゆ

るやかな線を描くようになります。指先の力の調整、腕のコントロールができるようになるので、積み木を3個以上積むことや、シール貼りなど細かな操作もできるようになります。

　小さいものでもつまめるようになるので、手づかみ食べが見られます。スプーンも持てるようになり、徐々にスプーンやフォークを使った食事も可能になります。

　このようにいろいろなことができるようになり、自発性も高まりますが、まだまだ大人の世話を必要とする時期です。

ハイガードポジション…バランスをとるため、肘を曲げた状態で両手を上げ、腰を落として足を少し開いて歩きます
歩きはじめに見られ、倒れた時にすぐ手が出る防御姿勢です

（ハイガードポジション）

（2）　あたま

　簡単な言葉、大人の言うことがわかるようになり、身振りや首振りなどで応える姿が見られます。指さしの内容も多様になり、この時期の指さしには多くの意味が込められています。

体の部位がわかるようになり、言われたところを指さすようになります。

　意味のある指さしから、一語文、二語文と話すようになり、語彙も２歳にかけて急激に増えていきます。「いや」「だめ」などの否定の言葉や、「上」「下」など名詞や動詞以外の言葉も理解し、使うようになります。さらに「（これ）何？」などの質問や、「やって」などの命令、「行った」「行きたい」など過去形や未来形も表現するようになります。

（３）　こころ

　自分の名前がわかるようになり、呼ばれると返事をするようになります。友達も認識するようになり、名前がわかるようになります。

　自我が芽生え、拡大していく時期です。「いや」「だめ」と自分の意思を明確に主張するようになり、したいこと、してほしいことを指さしやジェスチャーで伝えようとし、自分でやりたがるようになります。自分でやりたい気持ちと、上手くできないもどかしさから、フラストレーションを抱き怒りだすこともあります。まだ上手く言葉で表現できないため、「かみつき」が見られる子もいます。

　象徴機能の発達から、大人の行動の真似や、見立て遊びができるようになります。

　絵本の中の絵に興味を示し、指さしや簡単な言葉で大人に伝えようとしたり、気に入った絵本は何度も読んでもらおうとしたりします。

フラストレーション…欲求不満な状態

おすすめの絵本

『だるまさんが』
かがくいひろし / 作
ブロンズ新社
2008 20p 18×18 ㎝

５．２歳児

（１）　からだ

　歩く、走る、跳ぶなどの基本的運動機能が発達します。歩行は安定し、体を思うように動かせるようになってきます。両足ジャンプや、障害物を「またぐ」「くぐる」など、複雑な動作の中で力の調整ができるようになりはじめます。リズムのある動きも楽しめるので、音楽に合わせ体を動かしたり、歌に合わせた手遊びも楽しめます。
　滑り台を滑る、ジャングルジムを登ったり降りたりするなど、大型固定遊具での遊びも楽しめるようになります。
　手指の巧緻性がさらに高まり、ちぎる、貼る、ねじる、回す、つまむ、穴に紐を通すなど指先の力も調整できようになります。衣服の着脱やハサミを使うことも可能になります。
　また、排泄のための機能が整う時期です。１歳未満児は尿意の自覚もなく、膀胱に尿が少したまると、大脳皮質に届く前に脊髄の反射によって排尿が行われていました。１歳を過ぎると、尿意が大脳皮質まで届く

ようになり、意識的に排尿することができるようになります。膀胱も一定の量まで尿を溜められるようになり、また、尿がたまった感覚、大便したい感覚がわかるようになるので、排泄の自立が進みます。

（2）　あたま

　語彙がさらに増え豊かになる時期で、二語文や三語文など簡単な文章を話すようになり、「なんで？」「これなに？」など質問しはじめます。言葉の発声もはっきりし、自分の意思や要求を言葉で表そうとします。
　イメージを膨らませることにより象徴機能が発達し、盛んに言葉を使うようになります。「かわいい」などの形容詞、「きれいだね」などの形容動詞、「いっぱい」「ちょっと」などの副詞も使いはじめます。
　「上」と「下」、「大きい」と「小さい」など反対概念も理解できるようになります。また、赤、青、黄、緑などの基本的な色や、円、三角、四角など簡単な形を認識するようになり、形に合わせる「型はめ」などできるようになります。
　絵本は繰り返しのあるものや、リズムのあるものなど、単純に言葉や絵を楽しめるものが好ましく、何度も読んでいるうちに気に入ったフレーズなどを覚えるので、言葉を使いながら一緒に楽しめるといいですね。

象徴機能…見立てや模倣といった、実際
　　　　　の物とは違うもの、目の前に
　　　　　ないものをイメージし、表現
　　　　　する働き

（木の枝で魚釣りをイメージ）

（3）　こころ

　自我、自己主張がさらに強くなってきます。言葉の発達も進み、「いらない！」「いや！」「やれる！」とはっきり言ったり、そのような態度をとります。自分でやれることも増えてくるので、大人が手助けすると初めからやり直すといった反抗的にも見える態度をとることもあります。一般的に第一次反抗期やイヤイヤ期と呼ばれるものですが、これは主体性の育ちとも言えます。今まで親や大人に依存し、しっかりとした信頼関係の土台があるからこそ見られる自立への過程です。

　しかし、まだ自立と甘えの揺れ動きの時期でもあります。感情のコントロールが出来ないので、かんしゃくを起こしたり、反抗したり、友達とのトラブルを経験し、やがて友達への思いやり、年下の世話など自我の充実期を迎えます。

　大人の仲介で、子ども同士の物の貸し借りや交代などもできるようになり、信頼している大人と簡単なごっこ遊びもできるようになります。象徴機能が発達してきているので、大人の真似をして、ごっこ遊びを楽しむようになります。

おすすめの絵本

『おべんとうバス』
真珠まりこ　/　作・絵
ひさかたチャイルド
2006年　20p　22×19㎝

『きんぎょがにげた』
五味太郎 / 作
福音館書店
1977年　24p　22×21 cm

6．3歳児

（1）　からだ

　自分の体の動きをコントロールできるようになり、基本的な運動機能が発達します。走る、片足立ち、跳ぶ、投げるなど体のバランスをとることが可能になります。ブランコに乗る、三輪車を漕ぎながらハンドルを操作するなど、目と手と足を同時に使う運動もできるようになります。
　また、基本的生活習慣が身に付く時期です。食事、排泄、衣服の着脱など少しずつ自立が進んでいきます。ハサミ、箸を使うなど手指もさらに器用になります。折り紙を折ることや、砂場での型抜きを楽しみ、おえかきも円が描けるようになります。『頭足人』を描きだす子も見られます。

頭足人…頭から手や足が出ているかのように描く絵。この表現に関しては、第2章で詳しく解説しています

（２）　あたま

　話し言葉の基礎ができてきます。自分の名前、挨拶や返事など生活や遊びに必要な言葉を使うようになります。まだ、言葉だけで表現しきれないことも多いので、言葉と体の動きで表現していきます。

　知的興味や関心が強くなり、「なぜ？」「どうして？」「これ何？」などの質問が多くなります。

　語彙がさらに増え、言葉の表現がますます豊かになります。うれしい、寂しい、怖い、楽しい、といった情緒面も発達し、言葉で表現できるようになります。

　また、絵本や紙芝居などの簡単なストーリーがわかるようになります。自分を登場人物と同化させ想像を膨らませていきます。時には悲しくなって泣いてしまう子や、しばらく絵本の世界に浸る子など、今までとは違った様子が見られるようになります。

（３）　こころ

　大人との関係を中心にしていたのが、自我の成長とともに、他児との関係が重要なものになってきます。この頃はまだ同じ空間や場所にいるだけで平行遊びが多いのですが、次第に他児への関心、模倣などから、大人とだけでなく、子ども同士でもごっこ遊びを楽しめるようになります。

　身近な物への関心が高まるので、ごっこ遊びも日常経験を取り入れるようになります。象徴機能や観察力、創造力を発揮し、発展性のある遊びの内容になっていきます。

このような遊びを通し、決まりやルールがあることを知ります。順番に使ったり、分け合ったりすることもできるようになります。

平行遊び…同じ場所、同じ玩具で遊んでいるが、それぞれ個々に遊んで
　　　　　いる状況

（人形とごっこ遊び）

おすすめの絵本

『ぐりとぐら』
中川李枝子 / 文　大村百合子 / 絵
福音館書店
1963年　28p　20×27cm

『わたしのワンピース』
西巻茅子 / 著者
こぐま社
1969年　44p　20×22cm

『ぐるんぱのようちえん』
西内ミナミ / さく　堀内誠一 / え
福音館書店
1965年　28p　20×27㎝

7．4歳児

（1）　からだ

　全身のバランスを取るのが上手になり、俊敏に動く、急に止まる、片足で立つ、片足で跳ぶ、といった特殊な動きができるようになってきます。運動量がさらに増えていきます。
　手指の操作も、より細かいことができるようになり、ハサミを使って曲線や図形を切る、箸でつまむ、ボタンを留める、紐を結ぶなど、左右の手先をバラバラに動かすことが可能になります。しかし、まだ素早くはできないので、時間をかけて行います。

（2）　あたま

　自分の思ったことや体験したことなどを、言葉で表現するようになります。日常会話は、身近な大人となら不自由なく、また子ども同士でも会話を楽しみながら遊べるようになります。

記憶力、思考力も高まってきます。絵本や歌などの気に入ったところを覚え、何度も口ずさんだりします。

　また、想像力も豊かになるので、目的を持って行動したり、作ったりしながら遊びも発展させていきますが、反面、思い通りに出来ないのではないか、失敗するのではないかと結果を予測し、不安に思ったり、行動を躊躇したりする葛藤を経験するのも、この時期です。

　この頃の子どもは、太陽や花、無生物にも人と同じように心があると思っていて、絵にもアニミズム表現が見られます。

アニミズム表現…擬人化して表現すること。太陽や花にも顔を書いたり
　　　　　　します

（3）　こころ

　これまで、平行遊びだったのが、連合遊びや共同遊びに変わり、友だちと遊ぶこと、一緒にいることが楽しくなってきます。仲間とのつながりも強くなるので、けんかも増えますが、仲間意識が芽生え、順番を守ることや、おもちゃの貸し借りをすることなど、少しずつ自分の気持ちを抑えられ、我慢できるようになっていきます。

　他者の目を意識するようになり、自意識も芽生えてきます。そのため、恥ずかしさも出てきます。情緒の発達も複雑になり、認められると喜び、出来ないとふざけ、ルールを守らない友達を大人のように注意したりと、心の動きや感情の起伏が激しくなります。

連合遊び…同じ、もしくは似たような玩具を
　　　　子どもそれぞれが持ち、一緒に遊
　　　　んでいるつもりだが、それぞれ好
　　　　きなように遊ぶこと
共同遊び…同じ目的で一緒に遊ぶこと

（連合遊び）

おすすめの絵本

『そらまめくんのベッド』
なかやみわ ／ 作・絵
福音館書店
1997年　28p　20×27cm

『くれよんのくろくん』
なかやみわ ／ さく・え
童心社
2001年　32p　19.1×26.6cm

『はじめてのおつかい』
筒井頼子 ／ 作　林明子 ／ 絵
福音館書店
1976年　32p　20×27cm

8．5歳児

（1） からだ

　この頃になると、基本的な生活習慣はほとんど自立し、大人の指示が無くてもできるようになります。

　運動機能がますます伸び、喜んで運動遊びをします。縄跳びや跳び箱など身体全体を使った複雑な運動遊びも楽しめるようになっていき、6歳を過ぎると全身運動がより滑らかになり、ダイナミックな遊びを好み、快活に跳び回るようになります。

　鬼ごっこやドッチボールなどルールのある遊びも仲間と楽しく活発に行うようになります。

　手指の操作もより器用になり、雑巾を絞る、リボン結び、三つ編みなど、複雑な作業に興味を示すようになります。

（遊びはダイナミックに）

（2） あたま

　自分の考えを話し、他児の話しも聞けるようになってきます。自分たちで決まりやルールを作り、共通のイメージを持って活動したり、遊び

を楽しんだりするようになります。良いこと悪いことを、自分なりに考えて判断し、おかしいと思うことを言葉で批判する力も付いてきます。そして、今までの経験や知識から、自信や予想、見通しを立てる能力が育ち、意欲や目的を持って取り組む姿が見られます。

　また、文字や数字に興味を示し、読んだり書こうとしたりします。書き順など気にせずに書くので、鏡文字になることもあります。数も１０くらいまでの数詞と物を１対１で対応でき、数えられるようになります。

　自然現象や社会事象などにも気付き、深い興味や関心を持つようになります。不思議に思ったことや疑問など、さらに知りたいという知識欲が増し、自分で考えたり調べたりするようになります。

　語彙も増え、しりとりや逆さ言葉などのことば遊びも楽しめるようになってきます。

数詞…数を示す言葉、数を順序通りに唱えることは数唱

（３）　こころ

　集団を意識し、同じ目的を持った仲間と、遊んだり行動したりするようになります。遊びを発展させるため、自分たちのルールを作って役割分担し、協同遊びを楽しむようにもなります。

　仲間意識が強くなり、仲間の一人としての自覚、自分の役割を意識するようになるので、自分の感情を優先するばかりではなく、相手の気持ちを想像し、時には我慢するなど自分自身をコントロールできるようになっていきます。

また、人の役に立つことを喜ぶようになります。小さい子の世話や手伝いなどを率先してやろうとします。
　このように、様々な経験を通して、自立心が高まっていくので、愛着関係のある大人を心の基地として社会での活動を充実させていきます。

協同遊び…同じ目的で、さらに役割を持って、協力しあい遊ぶこと

おすすめの絵本

『ねこのピート　だいすきなしろいくつ』
エリック・リトウィン／作
ジェームス・ディーン／絵
大友剛／訳　長谷川義史／文字画
ひさかたチャイルド
2013年　32p　29×23cm

『にじいろのさかな』
マーカス・フィスター／作
谷川俊太郎／訳
講談社
1995年　25p　30cm

『ももたろう』
松居直／文　赤羽末吉／画
福音館書店
1965年　40p　21×22cm

＜発達と絵本＞

　「発達」は、月齢による個人差があり、それぞれの個性や生活環境の違いによっても、その進み方や早さ、現れ方なども変わります。

　第5章で紹介した発達は、あくまでも目安として把握、理解しておくことが大切です。決して早いから良い、遅れている、出来ないから悪いというわけではありません。子ども一人一人の発達、その子なりの成長を見守っていきたいものですね。

　絵本は、子どもが好きな絵本、手に取った絵本を読み聞かせていくのも良いでしょう。目安としての発達を捉え、絵本を選び、子どもと関わっていくのも、普段と違った絵本の読み聞かせを楽しめるのではないでしょうか？

　また、保育現場では日常的に絵本の読み聞かせが行われています。発達に合わせた絵本、季節の絵本など、クラスの状況を踏まえ読み聞かせを行っていることでしょう。そこに音楽をミックスさせることで、何度も見たことのある絵本、読んでもらったことのある絵本が、違う見え方、感じ方をするかも知れません。

　第5章で紹介した絵本は、それぞれの発達におすすめの絵本ですが、年齢はあくまでも目安です。どれも見たことのある絵本ばかりだと思いますが、絵本ケアとして実践し、子どもと楽しんでみると、また新たな絵本の魅力を発見するかも知れません。

　幼い頃からたくさんの絵本と出会った子どもは、やがて自分で絵本を選び、読んで楽しむようになります。成長とともに、読んでもらう側から、読み手になっていくのです。絵本ケアを通して、より深く、より豊かに絵本を味わい、豊かな心や夢を育んでいきましょう。

（柴田　法子）

【参考文献】

１）厚生労働省（平成 20 年告示）『保育所保育指針』

２）寺田清美・大方美香・塩屋香 編集（2015）

『乳児保育 基本保育シリーズ⑯』中央法規出版

３）園と家庭を結ぶ「げんき」編集部編（2011）

『乳児の発達と保育──遊びと育児』エイデル研究所

４）入江慶太 編著（2018）

『乳児保育 ─子ども・家庭・保育者が紡ぐ営み─』教育情報出版

５）大竹節子・塩屋香 監修（2012）

『０〜５歳児の発達と保育と環境がわかる本』ひかりのくに

６）横田俊一郎・渡辺博 編集（2001）

『キッズ・メディカ安心百科 子ども医学館』小学館

７）芥川修監修 赤ちゃんの部屋（2018）

「赤ちゃんの視力はどれくらい？ 新生児からどう見えるように

なるの？」https://www.babys-room.net/505.html〉（参照 2018-8-24）

８）大橋貴美子 監修（2016）

『乳幼児の発達と保育〜こころとからだを育てる遊びの環境 voi.1

０歳児』（DVD）医学映像教育センター

第6章
言葉について

1. 言葉の役割

　多くの絵本には絵と言葉が書かれています。「絵本」はその文字から、絵が主役で言葉は脇役のように捉える人もいれば、逆に言葉による物語に挿絵を付けた本と捉え、言葉が主役で絵は脇役と捉える人もいるでしょう。いずれにせよ、絵本の中の言葉は、絵本作品において大きな役割を持っています。

　子どもが絵本の言葉を見て、楽しむことができるようになるまでには、様々な言葉にまつわる経緯をたどります。生まれてから親や保育者といった周りの大人の言葉を聞き、周囲の応答的な対応によりやがて話すことができるようになり、絵本の読み聞かせなどから少しずつ文字を覚え、文字を読んだり書いたりすることができるようになります。

　第6章では、このような言葉の獲得の流れにはじまり、絵本のなかの言葉についてお話ししていきたいと思います。

※第6章の言葉、文章、文字の表記については、広辞苑（第7版）[1]
に基づき下記のように定義します。

言葉…ある意味を表すために、口で言ったり字に書いたりするもの
文章…文字を連ねてまとまった思想を表現したもの
文字…字、ことば

2. 言葉の獲得

（1） 乳児の音声

　乳児は、生後直後から生後1〜2か月の頃まで、泣くという行為によって自分の思いを他者に伝え、生後2か月を過ぎた頃から、機嫌の良い時に「アー」「ウー」といった舌を使わず母音を発するクーイングが出始めるようになります。

　乳児の音声についての研究としては、過去に豊美佐子ら（1971）[2]をはじめ多くの実験研究があり、ある発達段階までは母音の音素の占める割合が大きく、子音音素は非常に少ないか、或いはまったく表れていないことがわかってきています。そして、その母音が多く使われる理由として、3か月以前の新生児の発声器官の構造が成人と大きく異なり、チンパンジーなどのサルとほぼ同じ構造になっているためと考えられています。そのため、「アー」「ウー」などクーイングと呼ばれる発声は、鼻から抜けている「音」と捉えられています。

（2）　話し言葉

　生後３か月を過ぎた頃から、喃語（例：「マー」「バー」など子音を含む）を発するようになります。喃語とは、乳児が発する意味のない声であり、のちの話し言葉で必要となる声帯の使い方等を学んでいると考えられています。

　喃語を発する段階になると、乳児は自らの耳を使い、身の周りの音声を聞くことで言葉を習得していきます。そのため、親や保育者はマザリーズと呼ばれる、やや高めで、ゆっくりと、そして抑揚をつけた話し方をすることが重要となってきます。例えば、乳児の名前を呼ぶ時に、無意識にゆっくり、やや高めの声で抑揚をつけている人を多く見受けます。これがマザリーズです。このマザリーズを行うことは、言語獲得の助けとなる素地をつくるだけでなく、母子の情動的な絆の基盤をつくり、さらに母親の精神衛生にも影響することがわかっています。

　その後、１歳前後になると、不明瞭ですが意味のある言葉と認識できる発声の初語（例：「マッマ」「パーパッ」）が出現します。この初語の出現以降、食べ物を欲しがる時に「マンマ」と言ったり、車を見て「ブーブー」と言ったりする一語文がはじまり、この一単語で自分の思いを伝えようとする一語文に続き、単語を組み合わせて思いを伝えようとする二語文（例：「ワンワン　キタ」「ママ　イル」）など、主語・述語も出てきます。さらに修飾語も含む多語文（例：「ギュウニュウ　オイシイ　モット　ノム」）や、接続助詞が使われる従属文（例：「ユキガフルカラ　ホイクエン　ヤスミ」）など、話し言葉は次々と発展していき、語彙数としては３〜４歳になるまでにおよそ１０００語の単語を獲得していきます。そして、５〜６歳位になると文字を書くことへの興味や関心を持つようになり、少しずつ就学へ向けての歩みを進めていくことになります。

３．絵本の中の言葉

（１）　絵本の読み進め方

　皆さんは人から物事を伝えられる時、話し言葉として耳から聞くだけではわかりにくい内容が、言葉を文字に書き起こしたものを見ることで理解が容易になるという経験をしたことはありませんか。目から見るという行為は、人の頭を整理し物事を理解しやすくしてくれます。

　実際に絵本を読む時、大人の場合は先に文字を見て、絵はさらっと見る程度で次のページへ進みがちですが、子どもの場合は先に絵をじっくりと見て、文字はあまりよく見ない傾向があります。特にまだ文字の読めない低年齢の子どもの場合、その傾向が顕著となります。このことから、大人は絵本の筋を理解する際に文字を頼り、文字を読むことが得意ではない子どもは、絵に頼る傾向があると考えられます。

（２）　ストーリーテリングと言葉のない絵本

　絵本は絵と言葉が一体となる作品になりますが、言葉のみでおはなしを進めるストーリーテリングというものがあります。これは素話とも呼ばれますが、語り手が昔話や創作などの物語を覚え、語り聞かせていきます。ストーリーテリングの良いところとして、語り手側は聞き手の顔や反応をよく見ながらおはなしを進めることができ、聞き手側は頭の中に自由な空想を広げることができます。

　その他に、言葉のない絵だけの絵本もあります。

うえののりこ作の『ぞうのボタン』は、お腹に4つのボタンがある象が出てきて、そのボタンを外すと次々と色々な動物が出てくるおはなしです。言葉がないため、親子で会話をしながら読んだり、子どもが一人で様々な空想を広げ、自由に楽しむこともできます。
　ストーリーテリングや言葉のない絵本は、絵と言葉が一体となった絵本を読むよりも多くの想像力や感性が求められます。その点では、大人よりも子ども達の方が自由な発想で豊かにおはなしを展開させていくことができるかもしれません。

『ぞうのボタン』
うえののりこ / 作
冨山房
1975年　32p　203×210mm

（3）　目で見る言葉と耳で聞く言葉

　絵本を読む際、絵本の言葉を目で見て読む方法と、絵本の言葉を誰かに読んでもらい、耳で聞く方法があります。例えば言葉が面白い絵本の場合、目で言葉を見る絵本の読み方よりも、誰かに読み聞かせてもらい絵本を耳で聞く方が、より絵本の世界を楽しむことができます。
　五味太郎作の『ぽぽぽぽぽ』では、「ぽぽぽぽぽ」「とととと」「ぽぽぽぽぴ」など言葉の音が楽しい内容となっており、読み手の言葉の扱い方で、聞き手の楽しさが大きく変わってきます。絵本ケアでも、この効果を実感することがあるでしょう。

絵本に合わせ、言葉を目で見る読み方と、耳で聞く読み方とを使い分けることは、その絵本が持つ良さを多く引き出すことにつながります。
　さらに耳から聞く言葉の時間は、他者の声による言葉の時間となり、人と人とをつなぐことにもなるため、絵本の読み聞かせと音楽を合わせた絵本ケアを行うことは意義のあることなのです。

　　　　『ぽぽぽぽぽ』
　　　　　五味太郎　/　作
　　　　　偕成社
　　　　　1989年　32p　25×21㎝

4.絵本における言葉の表現

（１）　反復言葉

　低年齢の子ども向け絵本に、反復言葉が出てくる絵本が数多くあります。例えば、トルストイ再話　内田莉莎子訳　佐藤忠良画によるロシア民話の『おおきなかぶ』では、「うんとこしょ　どっこいしょ」という耳に残りやすい言葉が何度も繰り返し出てきます。大きなかぶを抜くために、おじいさんからはじまり、おばあさん、孫娘、犬、猫、ねずみと登場人物が増えていき、その都度「うんとこしょ　どっこいしょ」の言葉を反復していきます。非常に単純でわかりやすく、子どもも一緒に参加

して読み進めることができる展開になっています。また、この「うんとこしょ どっこいしょ」の反復により、おはなしの中にリズムが生まれたり、その言葉が出てくる度に楽しくて自然と体が動いてしまうような感覚になったりします。

　このように考えると、絵本の作者や訳者はどのような言葉を選び、その言葉をどのように使うのかを吟味していることがわかります。

『おおきなかぶ』
A.トルストイ　/　再話
内田莉莎子　/訳　佐藤忠良　/　画
福音館書店
1966年　28p　20×27cm

（2）　ひらがなで書かれた絵本

　多くの絵本はひらがなで書かれています。これはなぜでしょうか。ここでは、いとうひろし作の絵本タイトルで例を挙げたいと思います。

『だいじょうぶ　だいじょうぶ』
いとうひろし　/　作・絵
講談社
1995年　32p　20cm

93

例えばこの絵本のタイトルが漢字文字で書かれていたら、どのような印象を受けるでしょう。なんだか堅苦しく心が緊張してしまい、だいじょうぶな気持ちになりにくくなるのではないでしょうか。ひらがな文字だからこそ、このタイトルがすっと心に入りやすくなると考えられます。
　また同じひらがな文字であっても、使用される字体によって、読み手の受け止め方が大きく変わってきます。例えば、ヨシタケシンスケの絵本で『おしっこちょっぴりもれたろう』を見ると、ほのぼのとした字体が、主人公の人柄を表しているようで、読み手にも伝わりやすくなっています。ひらがなや字体等の表記は、その絵本の内容や雰囲気に関係しているといえます。

『おしっこちょっぴりもれたろう』
　ヨシタケシンスケ／作・絵
PHP研究所
2018年　48p　17×17cm

（３）　言葉の配置や時間の表現

　言葉は縦書きか横書きかによっても、おはなしの伝わり方に違いが出ます。また、言葉と言葉の配置を考えた場合、行間の広さで時間の長短を伝えることができます。生田美秋ら（2013）[3]は、「絵で伝達することが難しいことがらに、時間の経過がある」と述べています。そのため、「そしてはるになりました」といった言葉を絵本の中で使うことにより、具体的な内容を読み手に伝えることができ、読者も絵本の世界を楽しめるようになります。

このように絵本に使われる言葉は、おはなしの中身に大きな影響を与えるため、その作品の良さが最大限に伝わるよう、様々な工夫がされているのです。

5.様々な言葉絵本

（1）　言葉の響きやリズムを楽しむ絵本

　言葉の響きやリズムが楽しい絵本があります。例えば、駒形克己の絵本で『ごぶごぶ　ごぼごぼ』は、単純な形と鮮やかな色合いの絵、そして「擬音語」を使って構成されており、読み手の想像力を掻き立てる作品です。絵本の中には絵柄に合わせた丸い穴がページごとにあいており、子ども達は穴に指を入れてみたり、向こうを覗いてみたりとちょっとした仕掛け絵本として楽しむこともできます。

　　　　　　　『ごぶごぶ　ごぼごぼ』
　　　　　　　駒形克己　／　作
　　　　　　　福音館書店
　　　　　　　1999年　20p　20×19cm

　このような擬音語や「擬声語」、「擬態語」などを中心に作られた絵本をオノマトペの絵本と呼びますが、特に赤ちゃんは大きな声をあげて喜ぶことが多い絵本となります。オノマトペの絵本は、対象年齢が0・1・2歳向けの絵本として発行されることが多いですが、大人も子どもとは

違った視点で見ると、芸術的な作品と捉え鑑賞することもできるのでは
ないでしょうか。

擬音語…実際の音をまねて言葉とした語「さらさら」「ざあざあ」
擬声語…人・動物の声をまねた語「きゃあきゃあ」「わんわん」
擬態語…視覚・触覚など聴覚以外の感覚印象を言語音で表現した語
　　　　「にやにや」「ふらふら」「ゆったり」

（２）　　言葉あそびの絵本

　遊びながら言葉と親しむことができる絵本として、言葉あそび絵本が
挙げられます。例えば、しりとりや「回文」、早口ことば、駄洒落などを
含む絵本は、日本語の持つ面白さを感じることができる絵本です。作品
名を挙げると、しりとり遊びなら、馬場のぼるの『ぶたたぬききつねね
こ』、回文であれば、西村敏雄の『さかさことばでうんどうかい』、そし
て早口ことばであれば、林木林作　内田かずひろ絵の『はやくちまちし
ょうてんがいはやくちはやあるきたいかい』、さらに駄洒落であれば、中
川ひろたか文　高畠純絵の『だじゃれすいぞくかん』など、どれをとっ
ても子ども達が夢中になって何度もチャレンジしたくなる絵本であり、
言葉の持つ可能性を最大限に活かしたものとなっています。

回文・・・上から読んでも下から読んでも同音のもの

『ぶたたぬききつねねこ』
馬場のぼる / 作
こぐま社
1978年　40p　18×18cm

『さかさことばでうんどうかい』（新版）
西村敏雄 / 作
福音館書店
2015年　32p　20×27cm

『はやくちまちしょうてんがい
　はやくちはやあるきたいかい』
林木林 / 作　内田かずひろ / 絵
偕成社
2013年　32p　27×21cm

『だじゃれすいぞくかん』
中川ひろたか / 文　高畠純 / 絵
絵本館
2001年　32p　169×142mm

（３）　生活習慣に役立つ絵本

　絵本は子育てのコミュニケーション手段としても活躍します。例えば、子どもが基本的生活習慣を身につけていく過程においては、その方法を大人が言葉で伝えるより、わかりやすい絵と具体的な言葉で書かれた「あいさつの絵本」や「トイレトレーニングの絵本」を見ることで、幼い子どもにとってはより理解しやすくなります。子どもはまねっこが大好きですから、親子でぜひ楽しく活用してみましょう。ここでは、きむらゆういちの作品を挙げます。様々な動物が挨拶や排便に取り組み、最後は人間の子どももできるようになる展開は、自分もやってみようという意欲につながり、子どもも喜んで見ることができます。

『ごあいさつあそび』
きむらゆういち　/　作
偕成社
1988年　29p　22×19㎝

『ひとりでうんちできるかな』
きむらゆういち　/　作
偕成社
1989年　29p　22×19㎝

　また、加古里子作の『ことばのべんきょう』4冊セットは、「いちにち」「いちねん」「ごあいさつ」「かいもの」の4つのテーマを挙げ、日常

生活で使用する様々な言葉と物の名前を知ることができる絵本です。

　そして、ストーリーのある絵本とは異なり、どこから読み始めても楽しいつくりであることが特徴として挙げられます。読んでいるうちに自然と物の名前を知り覚え、語彙数を増やすことのできる絵本となっています。

『くまちゃんのいちにち』
かこさとし / 文・絵
福音館書店
1970年　47p　15×15cm

『くまちゃんのいちねん』
かこさとし / 文・絵
福音館書店
1971年　47p　15×15cm

『くまちゃんのごあいさつ』
かこさとし / 文・絵
福音館書店
1972年　47p　15×15cm

『くまちゃんのかいもの』
かこさとし / 文・絵
福音館書店
1975年　47p　15×15cm

(4) 詩の絵本

　子どもでも親しみやすい詩の絵本としては、まど・みちお作　南塚直子絵『キリンさん』があります。「ぞうさん　ぞうさん　おはながながいのね」と聞けば、知っている方も多いかと思いますが、いくつかの詩の中にこの「ぞうさん」も入っています。黙読やそのまま絵本の言葉を音読するだけでなく、「ぞうさん」の歌のメロディーに合わせて読み聞かせていくと、聞き手は詩の世界に入りやすくなります。ほかの詩の絵本においても、音楽の力をプラスした絵本ケアを取り入れることで、詩から伝えられるメッセージを読み取りやすくなるでしょう。また優しい色合いなので、絵もじっくりと見ていただきたい絵本です。

『キリンさん』
まど・みちお / 作　南塚直子 / 絵
小峰書店
1998年　27p　24×25cm

　第6章では、言葉の獲得の流れ及び絵本のなかの言葉について見てきました。絵本には大きい文字、小さい文字、文字数の多い絵本、少ない絵本と文字の視点から見ても様々な絵本があります。例えば、文字数が多く、ストーリーの長いアンデルセン童話やグリム童話などを親子間の読み聞かせにおいて取り上げれば、言葉の増加以外に、親子が一緒に過ごす時間が増えることで会話の広がりもあり、より言葉の表現が豊かになっていくことでしょう。

人の心に強く訴えるのは、ある人にとっては絵の表現であったり、聞こえてくる音楽だったり、あるいは人の声や読み語りだったりします。絵本のなかにある大いなる言葉の力を、あなたも絵本ケアを通して存分に感じ取ってください。

（安藤　彩子）

【引用・参考文献】

1）新村出編　（2018）『広辞苑第7版』岩波書店
2）豊美佐子・小原三枝子・前典子・東洋（1971）
　　「乳児の音声反応を誘発する刺激条件に関する研究」
　　『教育心理学研究第19巻第1号』
　　一般社団法人　日本教育心理学会
3）生田美秋・石井光恵・藤本朝巳（2013）
　　『ベーシック絵本入門』ミネルヴァ書房

第7章
絵本ケアの実践

１．絵本ケアの実践の流れ

　これまでの章で、絵本や音楽について色々なことを学んできましたね。いよいよ、この章では絵本ケアを始めるにあたっての具体的な手法についてお話ししたいと思います。
　絵本ケアの実践をするためにはどんな準備をし、どのように進めたら良いのかについて、順を追ってお話ししていきましょう。

（１）絵本を選ぶ

　絵本ケアを始める準備として、まず最初に絵本選びがあります。使用する絵本は、自分が幼い頃に読んでもらったもの、特に感銘を受けたもの、絵が好きなもの、どこかで見聞きして印象に残っているもの、新刊で興味がわいたものなど、何でも良いのです。それぞれの章でも色々な絵本が出てきましたね。絵本の種類の豊富さは語りつくせないものがあります。絵本ケアを実践するにあたっては、あなたが絵本ケアを通して意図すること、ねらいやテーマ、特に伝えたいメッセージ等があるなら、

それに合った内容の絵本を選ぶ必要があります。テーマを持って実践する時は、使用する絵本に統一性があった方がわかりやすいでしょう。

　例えば、子育てをするお母さんを応援するというテーマを持つのなら、その絵本がお母さんの心に響く内容かどうか検討します。実践する時期に合わせて季節感を感じる絵本を選ぶのも良いと思います。基本的には、語り手であるあなたが、何かしらのインスピレーションを感じて、その絵本を選ぶことになりますが、絵本は人前で読み語りをしますので、描かれている絵の大きさや色合い、文字の量、ページめくりなどにも注意が必要です。それには、実際に絵本を持って相手に読むことを意識しながら声に出して読み語りをしてみることです。「この絵本が好きだ」と思っても、黙読した時と、絵本を読み語った時の印象は全く違うものだからです。さらに、最初は何でも良いので、好みの音楽を聴きながら、その絵本を読んでみてください。こうすることによって、絵本ケアを実践する感覚が掴みやすくなると思います。絵本ケアは、聞き手だけでなく、語り手自身にも影響を与えるものですから、読んでいる自分の心に何かを感じたのなら、その絵本は必ず聞き手にも届くはずなのです。この感覚がわかりにくい場合は、ご家族や友人などの前で音楽と一緒に読んでみるのも良いかも知れません。もし、絵本選びに困ったならば、最初は、この本で紹介した絵本の中から、どれか好きな絵本を選んで試すことから始めてみてください。どんな絵本を選んだとしても、その本とはきっと縁があって出会ったと感じることでしょう。知らない絵本と出会った時は、まるで恋人と出会ったようにわくわくします。絵本選びは楽しいものです。この絵本でどれだけの人が生きる力や夢をもらうのだろうかと考える、そこから、すでにあなたは絵本ケアをスタートしています。絵本のメッセージ、絵本の絵、あなたの想い、読み語り、そして音楽が混じり合うことによって絵本ケアの世界は展開していきます。

（2）絵を深く味わう

　絵本ケアで使用する絵本を決めたら、その絵本を何度も読むことになります。しかし、絵本にはご存知のように、たくさんの絵が描かれています。そのうえで文章があるのです。絵本を読む時、ほとんどの大人は文章しか見ていません。絵は表紙から裏表紙まで描かれているのに、文字だけを追って読んでいることが多いのです。あなたはいかがですか？絵本を閉じてみて、さて、○○ページにはどんな絵が描かれていたかを思い出せますか？大人は、概してあまり絵を見ずに、上手く文を読むことばかりにとらわれているようです。絵の表現については、第2章に詳しく書かれていますので、そちらをじっくりとお読みいただき、参考にして頂くと良いです。まず、1ページ1ページの絵をじっくりと見ることからはじめましょう。そして、絵から伝わるメッセージを感じ取ってください。心に訴えかけるものが何かしらあるはずです。ここには、なぜこれが描かれているのだろう、この風景はいったい誰がどこから見たものなのだろう、この人の顔の表情は？この色合いはとてもいいなぁ、などといったように、絵を十分に味わうことが大切です。絵の力によって、あなたの心は動き始めることでしょう。

（3）心を込めて読み語る

　じっくりと絵を味わったなら、その次には、声に出して絵本の文を読んでみましょう。このとき、上手く読むことをあまり意識しない方が良いのです。つまり、読み方を練習するということではなく、多少間違えても良いので、心を込めて、想いのままに文を読んでみてください。大きな声でも小さな声でも、まずはあなたが場面に合わせて好きなように

読んでみます。すると、しだいに絵本の世界に入り込んで、思わず強弱をつけて読んでしまうなど、自然に感情表現をしている自分に気付きます。読み語りを重ねていくと、だんだん自分の感情が溢れ出してくるのです。これを何度も行うことで、心を込めて読むという、その感覚をぜひ覚えてください。自分の感情が溢れ出してくるようなら、きっと、その読み語りは聴く人の心にも届くでしょう。しかし、役者が劇を演じることと、絵本を読み語ることは全く違います。あまりにも登場人物になりきって極端に声色を変えてセリフを言うなど、演じることばかりに囚われて文を読んでいると、時として、語り手の心はどこかに置き去りになっていることが多いので、読み方には十分注意が必要です。

　あなたは、あなたらしい声で、あなたにしかできない読み語りをすることが素敵なのです。しだいに、あなたに合った絵本や、得意とする絵本も見つかると思います。あなたが読み語ることで、より物語が活かされ、聴く人にメッセージが伝わるという絵本も出てくるでしょう。人前で読むことは緊張するという人もいると思いますが、いつも、どんな時でも、心を込めて読み語ること、これだけはしっかりと意識して、あなただけの絵本ケアを感性豊かに実践してくださいね。

（４）心に寄り添いながら音楽と合わせる

　絵本ケアに音楽は欠かせないものです。心を込めて何度も読み語ることを重ねていくうちに、いよいよ最後は音楽と合わせる段階へと進みます。絵本ケアは音楽とともに届けるからこそ、効果が倍増するとお話ししました。次の頁に、絵本ケアを実践すると、どのようなことが起こるのか、絵本の絵・読み語り・音楽、そして語り手・演奏者および見る人・聴く人との関係、その循環について図に示しました（図１）。

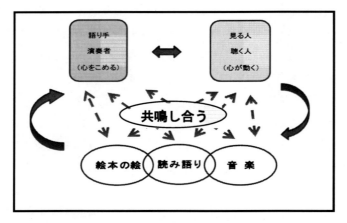

図1　絵本ケアの循環

　この図をよく見ると、絵本ケアの実践においては、そのひとつひとつが深く関わり合い、影響し合っていることがわかると思います。絵本ケアは、人と人が触れ合い、心を込めて表現することによって特別な空間を紡ぎ出します。その空間のなかで、音楽と絵本の読み語りはほどよく混じり合って、絵本のメッセージをより強く伝えているのです。そして、音楽の演奏者や絵本の語り手など、絵本ケアを実践している人と、これを見たり聴いたりする人の双方の想いが常に循環しているのが絵本ケアの特徴です。つまり、双方の感情や想いが同じ空間のなかで共鳴し合うことが聞き手の心を大きく動かすことにつながっています。これが絵本ケアの最も良いところです。この感覚は体験した人でなければ感じられません。絵本ケアの実践は、一人だけでは成し得ないものなのです。これを体験した感覚は、自分一人で絵本を読んだ時の感動とは違う感覚です。音楽とともに伝わってくる感動的な絵本のメッセージ、押し寄せてくる人々の心の大きな波動、心洗われるような心地良さ、これらはやが

て生きる力や人々の夢となり、その人の心に深く刻まれます。

　絵本ケアでは、一人一人が心を込めて実践することはもちろん、お互いの心に寄り添い、人と人が心通わせながら実践することを大事にしています。読み語りと音楽を合わせるということは、まさに、これを実践することでもあるのです。たとえ楽譜通りにミスなく演奏し、絵本の文を上手く読み語ったとしても、音楽を奏でる演奏者と絵本の語り手が息を合わせることができなければ、その効果は半減します。独りよがりの実践をする人は、絵本ケアの実践者には向きません。音楽とともに絵本を読み語るときは、演奏者の存在をそばに感じながら、相手の気持ちにできるだけ寄り添ってください。聴こえてくる音に耳を澄ませていると演奏者の想いが伝わってきます。絵本ケアの実践では、自分勝手に読み語りを進めるのではなく、音楽の演奏者と常に心を通わせながら読み語ることがとても大切なのです。しだいに心が通い合うと、音楽と読み語りが、ひとつに溶け合うのを感じるでしょう。音楽が流れてくると、不思議と情感を込めて絵本を読み語ることがしやすくなります。演奏者と何度も息を合わせ、時には、ここで少し音楽を止める、ここはゆっくり演奏するほうが合うかな、ここは音を少し小さめになど、お互いに思ったことを伝えあい、話し合いながら実践を重ねてみてください。実践するなかで、あなた自身もきっと心地良さを体感します。これこそが、絵本ケアの素晴らしさです。絵本ケアは、前にもお話ししたように実践する側にとっても意義のある活動なのです。もし、演奏者がいない場合は、ＣＤ等の音楽をかけて読み語りをすることで絵本ケアを実践することもできますが、その場合は、絵本のイメージを損なわない音楽を選ぶこと、また、音楽を聴きながら事前に読み語りを重ね、できるだけ演奏者と行う絵本ケアの実践に近づけるように心がけて頂きたいと思います。

（真下　あさみ）

2．絵本に合う音楽を考える

　絵本ケアでは、絵本と音楽を融合させることで、音楽によって絵本の力をより引き出すことを目的にしていますが、果たして絵本に合う音楽をどのように選択していけばいいのでしょうか。

　第3章では西洋音楽史について述べましたが、それ以外にも、世界各地には民族音楽やクラシック以外の音楽ジャンルが多数存在します。自分自身の音楽の引き出しが多ければ多いほど選択肢も増えるので、常日頃から様々な音楽に触れることを意識したいものです。とはいえ、短期間で急激に増やせるものでもないので、クラシック音楽については第3章の内容を理解し、各時代や作曲家の音楽的特徴から絵本に合いそうな楽曲を調べることも近道の一つです。また、世界各地に伝わる音階、民謡なども活用できます。例えば、日本らしさが特徴の絵本には第3章で紹介した、ヨナ抜き音階の楽曲を合わせるのもいいかもしれません。

　絵本ケアのコンサートでは、主にピアノで演奏しますが、時にパーカッション等を加えることもあります。一冊の絵本に対して一つの楽曲であったり、場面によって曲を変えるなど複数曲を演奏したり、必要に応じて効果音を入れたり、と様々です。

　実際に、絵本ケア等のコンサート活動のなかで読んだ絵本と、それに合わせて演奏した楽曲を少しご紹介します。

『たくさんのドア』
アリスン・マギー／文　ユ・テウン／画
なかがわちひろ／訳　主婦の友社
2018年　32p　20×21cm

人生の中で起きる様々な出来事をドアに例え、未来ある子どもたちへ、成長や自立を応援するメッセージを持つ作品です。ピュアで透明感溢れる作風に合わせて、グノー作曲「アヴェ・マリア」を演奏しました。

『オニのサラリーマン』
富安陽子 ／ 文　大島妙子 ／ 絵
福音館書店
2015年　36p　26×27㎝

　オニも生きていくために日々一生懸命働きます！勤務先はなんと地獄。今日のお仕事は血の池地獄の監視役です。ところが、お昼に愛妻弁当を食べたらウトウトと眠くなってしまい…　ふと気づくとおどろおどろしい血の池にいる亡者たちが、天からぶら下がる細い糸に必死でつかまり登ってこようとするではありませんか！

　地獄絵図を描いているのに、コミカルでクスっと笑ってしまうようなこの作品、冒頭と最後のシーンには、同じく陽気なスコット・ジョプリン作曲「ジ・エンターテイナー」を演奏しました。また、主人公のオニが居眠りするシーンでは、京都府に伝わる民謡「竹田の子守唄」を、血の池地獄のシーンでは、即興的に全音音階をぽつん、ぽつんと単音で血が滴るかのようなタッチで、血の池地獄から亡者たちが這い上がろうとするシーンでは、プロコフィエフ作曲「４つの小品 作品４」より『悪魔的暗示』を、それぞれ演奏しました。日本の妖怪である鬼をテーマにした作品のため、日本の民謡とは非常に相性がいいのです。また、全音音階は、宇宙や深海といった、どこか異空間のようなやや不気味な響きを持つ音階です。全音音階として存在する音を音階が並んでいる順に弾くのではなく、ランダムに一音ずつ演奏します。厳密に言えば、この音の

次はこの音は避ける、など音楽理論上好ましいルールはありますが、そこまではこだわらなくてもこのシーンに合う雰囲気を出すことができます。プロコフィエフの「4つの小品 作品4」より『悪魔的暗示』は、右手部分が第5章でも述べた「悪魔の音程」と忌み嫌われた減5度の重音から始まります。この減5度は曲中にもいくつか表れます。そこからこのようなタイトルがつけられていると考えられますが、血の池地獄にはぴったりの楽曲です。

『ぐりとぐらのおきゃくさま』
　中川李枝子 / 作　山脇百合子 / 絵
　福音館書店
　1967年　28p　27×20cm

　大人気の「ぐりとぐら」シリーズの一つ、クリスマスの季節を描いた絵本です。森で遊んでいたねずみのきょうだいのぐりとぐら。雪の上に大きな大きな足跡を見つけ、たどっていくと足跡はぐりとぐらの家まで続いているではありませんか。ドアを開けると、ぐりとぐらの何倍もある大きな長靴やまっ白なえりまき、まっ赤なオーバーや帽子が… いいにおいにひかれて台所に行くと、おひげのおじいさんがクリスマスケーキを焼いていました。
　小柄でかわいいぐりとぐら、物語のはじまりは雪合戦。足跡をたどって自分たちの家にたどり着いても、しばらくそれが我が家だとは気づかない、おとぼけ具合。このシーンには、湯山昭作曲のピアノ曲集「音の星座」より、『ファンタジック・プロローグ』が、音が軽く踊っているようでぴったりです。そして甘いケーキの香りに気づき、優しいおじいさ

んと出会う温かなシーンには、同じく湯山昭作曲、「お菓子の世界」より『ショートケーキ』。「お菓子の世界」は２６の曲から成る組曲です。『ショートケーキ』のほか、ポンポンッとはじける様子が描かれた『ポップコーン』やぷるんぷるんと揺れているかのような『プリン』、時にはお菓子の食べ過ぎで歯が痛くなり…キーンとした冷たい音で始まる『むしば』という間奏曲もあります。まさに情景がそのまま音になったような曲集で、直接的な選択とも言えますが、じんわりと全身に染み渡るような優しい響きの『ショートケーキ』はこのシーンによく適しています。その後、おじいさんは時計を見て急いで大きな白い袋を担いで帰っていきました。ここでは、ピアノによる『ショートケーキ』の演奏に合わせて、スレイベルやウィンドチャイムといったパーカッションでクリスマスらしさを加えます。その後、ぐりとぐらのところにはたくさんのお友達が集まり、クリスマスパーティーが開かれました。この最後のシーンには、定番のピアポント作曲「ジングルベル」を。とっても明るい幸せな気持ちになること間違いなしです。

　以上、実際にコンサートで取り上げた絵本と楽曲を紹介しました。もちろん、この絵本にはこの曲でなければいけない、というわけではなく、あくまで一例です。楽曲の選び方を参考にしていただき、あなたのオリジナルの絵本と音楽の世界を創り上げることが何よりも大切です。絵本にぴったり合う曲を見つけた時には、あなた自身が絵本と音楽の世界に入り込むことができ、きっと感動することでしょう。

３．演奏の実践

　さて、絵本に合う音楽を見つけたら、次は実際に演奏してみましょう。

絵本に音楽を合わせることになるので、第一に語り手と息を合わせることが大切です。しかし、人間のすることなので、その時その時で語りと演奏のタイミングが異なることもあるかもしれません。基本的には、以下の点に注意して進めるとよいでしょう。

（1）　絵本との合わせ方

　語り手がタイトルを言う前か後、いずれかのタイミングで演奏を始めるとよいでしょう。すっとさりげなく語りに合流すると自然ですが、絵本の内容にもよるので、場合によっては突然激しい音から始めるのもいいかもしれません。

　絵本の途中で曲を変える場合もあるので、演奏者も絵本の内容を頭に入れておくことが必須です。絵本の途中で曲が変わる場合であっても、最後までひとつの曲あっても、絵本の区切りと音楽の区切りのタイミングが練習通りに合うとは限りません。基本的には音楽は４小節でひとつの小楽節（ワンフレーズ）となっているので、もし音楽が先に終わりそうになった場合は、曲の最後の４小節や８小節などを繰り返すとリフレインのようになり自然です。絵本が先に終わりそうな場合は少しであればおかしくはありません。絵本が先に終わっても曲がまだ長く続く場合は、楽節の区切りでその曲の調性のⅤの和音からⅠの和音へ進行すると終止形となり、自然に終わることができます。例えばハ長調であれば、ソ・シ・レの和音からド・ミ・ソの和音に進みます。もし終止形に持っていくことが難しければ、テンポをだんだんゆっくりすると同時に音量も徐々に絞り、消えてなくなるかのようにフェードアウトしてもいいでしょう。

　タイミングの合わせ方は上記の通りですが、絵本の世界をより引き出

112

すためには、音質にもこだわりたいところです。あくまで物語の内容が
メインなので、基本的にはやや輪郭をぼかして流れを大切に演奏すると、
絵本とのバランスが取りやすいでしょう。適度な揺らぎがあるのもいい
かもしれません。ただ、喧嘩のシーンや迫力のあるシーンなどは、対照
的にはっきりとした音色で表現する必要があります。いずれにしても、
絵本の世界観を壊さず、より引き出すような心持ちで、場面に合った演
奏を心がけましょう。

（2）　強弱

　音の聞こえ方は、実践する環境に左右されるため、第三者にチェック
してもらうことが必要です。リハーサルではちょうどよくても、服が音
を吸収しやすいので、本番で大勢の人の前で実践する場合はそのあたり
の誤差も含めてチェックするようにしましょう。また、語り手の声がメ
インなので、遮るほどの大きな音にしない配慮が必要です。それでも迫
力を出したい場合は、語りと語りの間に大きな音を出すなど工夫する方
法もあります。また、もともとの楽曲に指定された強弱と異なっても、
絵本の内容に合わせて強弱や抑揚を変化させると不思議とマッチするこ
とが多いです。

（3）　楽器

　基本的にはピアノで演奏します。理由は、楽器の中で最も音域が広く、
多彩な表現に適しているからです。これまでに述べたように時にはパー
カッションを加えるのもいいでしょう。笛の音なども使えます。

113

（4）　既存曲以外の奏法

　既存の楽曲以外にも、ピアノをげんこつで弾くトーン・クラスター奏法や、手のひら、指一本や二本、ひじや腕などを即興的に使用して、効果音的な響きを狙った奏法を適宜活用することもできます。また、第6章で紹介した様々な音階を使ってそれぞれ簡単な曲を作ると、独特の世界観が表現できます。

　いくつかの注意点を述べました。何よりも大切なのは、演奏者も絵本の世界を感じ取る感性を持つことです。常日頃から、身近な自然や風景、出来事などを音に表すとしたらどんな音楽になるか、ぜひ実験してみてください。もこもこと重い雲を見たら、ピアノの鍵盤の上に手でその重そうな雲を乗せるようにしてみたり、もしくは手を雲に見立てたりして、特に音の配列など気にせずに鍵盤を触ってみてください。「かたつむり」の曲であれば、本物のかたつむりと同じように、鍵盤上から指が離れないよう、這うようにタッチします。鍵盤上が見たものや感じたものの実演場所です。高度な技術や理論もいいですが、このように表現したいものになりきって音に表すと、視覚的なものと聴覚が一致していくのを感じることができるでしょう。既存の楽曲も厳しいルールを省いた即興演奏も色々織り交ぜながら、絵本と音楽の融合をあなた自身が楽しんでくださいね。

（加藤　由紀子）

【参考文献】
1）馬淵明彦・杉本明　（2018）『新装版 これからはじめる即興演奏 ～豊かな音楽表現のために』スタイルノート

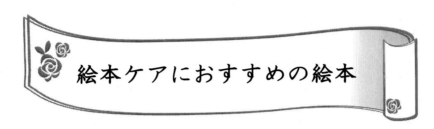

絵本ケアにおすすめの絵本

　これまで、絵本ケアについてはもちろん、絵本ケアに必要な事柄をお話ししてきました。きっと皆さんが初めて知ることもあったでしょう。絵本ケアがどのようなものか、少しは理解して頂けたかと思います。

　最後に、絵本ケアを実践するにあたって、どんな絵本を選べばいいのか、ここで色々な絵本を紹介いたします。これらを参考に、皆さんもぜひ、音楽とともに展開する絵本ケアを楽しんでくださいね。

『てぶくろ』
エウゲーニー・M・ラチョフ / え
うちだりさこ / やく
福音館書店
1965年　16p　28×23cm

　ウクライナの民話です。雪の降る森の中、おじいさんが手袋を片方落としていきました。暖かそうな手袋の中に次々と動物達が入っていき、ぎゅうぎゅう詰めになりながらもみんなで楽しく暮らし始めます。

　繰り返される「入れて」「どうぞ」の掛け合いも面白さのひとつ。

　大小様々な天敵同士とされる動物達が小さな手袋の中に入るという現実では絶対に有り得ない出来事をユーモアたっぷりに描いています。空想と現実が入り混じり絵本の世界観をたっぷり楽しめるお話です。

『ちょっとだけ』
瀧村有子 / 作　鈴木永子 / 絵
福音館書店
2007年　31p　27×20㎝

　「なっちゃんのおうちにあかちゃんがやってきました。」
赤ちゃんが来るまでは、なっちゃんがママを独り占めしていたけれど、お姉さんになったなっちゃんは色々なことを一人でやっていこうとします。今までやらなかったこと、できなかった事が「ちょっとだけ」できるようになっていきます。ママを気遣い一人で頑張ろうとする姿はとても健気なのですがどこか寂しげです。ママはそんななっちゃんの姿にちゃんと気づいており、最後の場面でなっちゃんはママに「ちょっとだけだっこして‥‥」とお願いすると、ママは「"ちょっとだけ"じゃなくていっぱいだっこしたいんですけどいいですか？」と優しく答えます。ママに抱きしめられながら嬉しそうな表情を浮かべるなっちゃん。お姉さんになりたい気持ちとまだまだママに甘えていたい気持ちが揺れ動く様を見事に描いている一冊です。

『はなをくんくん』
ルース・クラウス / 文　マーク・シーモント / 絵　きじまはじめ / 訳
福音館書店
1967年　32p　31×22cm

　原題は「THE　HAPPY　DAY」。もう５０年以上前に出版された絵本ですが今でも人気のある絵本の一つです。この絵本は白と黒の濃淡で描かれており、深い雪山の静けさと柔らかな冬毛につつまれた動物達が躍動的に描かれ表現されています。
　深い深い雪の中、動物達は眠りについているのですが‥やがて「みんな　めをさます。みんな　はなをくんくん。」たくさんの動物達がにおいのする方に向かいます。
「みんな　とまった。みんな　うっふっふっ、わらう、わらう。おどりだす。」その先にあるものは、鮮やかな黄色く描かれた一輪の花。
　白と黒だけの絵に一輪の花だけが黄色く色が塗られている。まるでその花が光を放っているかのようにも感じられます。
　たったそれだけのシンプルなストーリーですが、読み手によっては色々な解釈ができる絵本でもあります。
　例えば、一輪の花を「赤ちゃん」に置き換えるとどうでしょう？みんなから祝福され、待ち望んで生まれてきた赤ちゃんが誕生したそんな絵本にも読み取れます。また、それは暗く冷たい不安の中にひとつの小さな希望ともうけとれます。読み手の心によって受け取り方は変化していきます。あなたはどんな解釈をされるでしょうか？

『あなたがとってもかわいい』
みやにしたつや ／ 作・絵
金の星社
2008年　24p　24.6cm

　赤ちゃんの顔、いつでもどんな時でも可愛いですよね。
この絵本には、赤ちゃんの泣いている顔や怒っている顔、お風呂で気持ちよさそうにうっとりしている顔、色々な表情がたくさん出てきます。どんな表情でも愛くるしく可愛い。それは大きくなった今でもずっと変わらない母の愛情を描いた一冊。母親にとって子どもは幾つになっても子どもは子ども。母と子の関係は永遠なのです。小生意気なことを言うような時がきてもこの本を読めば赤ちゃんを抱いたあの頃の気持ちに戻れる、そんな気がします。

『デイジーはおかあさん』
リサ・コッパー ／ 作・絵
いわきとしゆき ／ 訳
アスラン書房
1997年　25p　25×19.5cm

　犬のデイジーは可愛い3匹の子犬のお母さんです。デイジーの飼い主のお母さんにも赤ちゃんがいます。人間のお母さんと犬のデイジーの子育ての様子が同時進行に進められていきます。どちらも一生懸命に子育てしているのですが、デイジーの子育てはどこか力が抜けていてほんわかマイペース。時には赤ちゃんと一緒にゴロンとベッドでお昼寝も。毎日頑張っているお母さんに「力を抜いてもいいんじゃない？」とデイジーが語りかけてくれているように感じます。

『おへそのあな』
長谷川義史 ／ 作・絵
ＢＬ出版
２００６年　３２ｐ　２６×２１㎝

　おかあさんのおなかの中にいる小さな小さな赤ちゃん。おかあさんのおへそのあなから外の世界を覗いています。そこには赤ちゃんの誕生を今か今かと心待ちにしている温かい家族の姿がありました。生まれてくる赤ちゃんの為に牛乳パックでロボットを作るおにいちゃん、赤ちゃんの為にきれいなお花を育てているおねえちゃん、赤ちゃんの為にうたを作るおとうさん。おかあさんもおじいちゃんもおばあちゃんもみんなが赤ちゃんを迎える準備をしています。赤ちゃんはおなかの中で感じています。いろいろな声、音、においを。赤ちゃん目線で描かれている為、絵がさかさまなのも面白く、聞き手の子どもが「どうして逆さまなの？」と問いかけ疑問視するよう導いているように感じます。そんな時私は本の表紙をお腹にあてて「こんな風に赤ちゃんはお腹にいるのよ」と視覚的に伝えています。ユーモア溢れる作者は背景に描かれている小物も赤ちゃんを待ち望んでいる様子が窺える物を描いています。細かい所まで読み解いていくのもこの本の面白さかもしれませんね。
　家族に待ち望まれ生まれてくる赤ちゃんはなんて幸せなんでしょう。生まれてくる赤ちゃんすべてがそうであって欲しいと願うばかりです。

『だいじょうぶ　だいじょうぶ』
いとうひろし / 作・絵
講談社
1995年　32p　20cm

　だいじょうぶ、だいじょうぶ‥‥不思議な言葉ですね。この言葉を言うと不思議と心が落ち着き安心します。相手に言ってもらえると涙が溢れてくることもあります。
　小さな「ぼく」がおじいちゃんに支えられ少しずつ成長していくお話。大きくなった「ぼく」は、今度はおじいちゃんを支えていく。おじいちゃんが「ぼく」にしてくれたように…。
　小さな「ぼく」はおじいちゃんと色々な体験や経験をするなかで気づいていきます。人はひとりじゃ生きていけない。また、人は誰かに守られ、愛され生きていく。自分が受けた愛情はまた次の誰かに繋いでいく。その愛情に時には傷つく事もあるかもしれない、しかしいつかきっと、その愛情に救われ、守られている事に気付く、そんな時がくるかもしれません。新しい発見や楽しい出会いが増えれば増えるだけこまったことやこわいことにも出会うようになる。
　この絵本には、何度も「だいじょうぶ　だいじょうぶ」という言葉が出てきます。
　「だいじょうぶ　だいじょうぶ」この世の中、そんなにわるいことばかりじゃないということを知らせてくれる一冊です。

『おかぁさん』
もっち / 文　江頭路子 / 絵
ナツメ社
2011年　31p　19cm

　「おかぁさん　わたしのことを愛してください」
この言葉が何度も繰り返し出てきて、赤ちゃん目線の言葉で語りかけてくる絵本です。
「わたしは泣くことしかできません
でも、決してあなたのことを困らせようとしているのではないのです」
　赤ちゃんが泣くのも抱っこをせがむのも理由があるのです。そして赤ちゃんは誰よりもおかぁさんを愛している。それを伝えてくれています。
　悲しいことに育児ノイローゼに陥り可愛いはずの我が子を虐待してしまうといった報道を耳にする今日。決して他人事ではなく誰しもが起こり得る可能性があります。言葉を発する事の出来ない赤ちゃんの気持ちを代弁してお母さんの気持ちを少しでも楽にさせてあげたい。そんな作者の想いが伝わります。
　作者の願いとして「この詩を手にとって下さったあなたが育児にちょっぴり自信と誇りを持ち、気持ちが楽になることを願ってやみません」と記されています。

『あなたのことがだいすき』
えがしらみちこ / 作・絵
西原理恵子 / 原案
角川書店
2018年　31p　19×13㎝

　はじめてママのリアルな姿が描かれている絵本。ママになったら誰もが経験するであろう幸福感や不安感の交互の感情。
　子育てに「どうしよう」、「たすけて」と迷ったり落ち込んだりと奮闘する毎日。この本には「そうなの、そうなの」とママ達がうなずき共感する場面がたくさん出てきます。子育てや家事に振り回され、大切な時間が過ぎ去っていませんか？お部屋が少々散らかっていても良い！子どもともっと触れ合える時間を。「今」できる事を「今」しよう。この時間はもう二度と来ないのだから。後悔しない子育てを。そんな作者のメッセージが伝わってきます。読み終えた後は「子育てに不安を持っているのは私だけじゃない」と孤独感から解放された、そんな気持ちにさせてくれます。
　水彩画で透明感のある色遣い、子どもの表情がとても愛くるしく描かれており我が子の姿と重ね合わせる人も多いのではないでしょうか。
　読み終えた後はぎゅうっと子どもを抱きしめたくなる、そんな一冊です。

『あかちゃんがわらうから』
おーなり由子 / 作・絵
ブロンズ新社
2014年　48p　21×23cm

　私がうれしい時も悲しい時もあかちゃんは笑ってくれます。
「かあさんはよわい　ときどきすごくよわくなる」
　子どものことを愛するあまりに母親は子どもの未来が不安になり落ち込むことがあります。不安や悲しみに心が折れてしまいそうな時、子どもの笑顔が母親を救ってくれます。子どもの大きなへんてこなくしゃみで母親の不安をかき消すシーンでは、思わずクスっと笑みがこぼれます。
うまれてきたこどもたちは　いう
「これから生きていく世界をひどいと決めつけないでよ！」
「ぼくらをよわいと決めつけないでよ」
　大人が子どもを守らなくては！助けてあげなくては！と思ってしまいがちですが、子ども達に救われ助けてもらっている部分もたくさんあるのではないでしょうか。子どもを抱きしめているのではなく、いつの間にか子どもが私をちいさな手で抱きしめてくれている。そんな子ども達の無限のパワーを感じます。
　色遣いも深く、重い青色からだんだんと鮮明な青色に変わり後半には光輝く黄金に。こどもたちがいるとどんな場所でも、そこだけがあかるくみえる。不安な気持ちを前向きに変えてくれる一冊です。

『おもいで星がかがやくとき』
刀根里衣 / 著者
ＮＨＫ出版
２０１７年　３２p　２２.５×３６㎝

　ねずみのピナはお星さまになった大切なひとを探しに出かけます。しかし、もう二度と会えない事に気づき落胆するピナ。そんなピナに輝く星達は優しく語りかけます。「そのひとはあなたにかけがえのないものをのこしていった　それはあなたとのおもいで」そして自分はひとりじゃないという事も。大切なひとを失う悲しみと喪失感に向き合い乗り越えていこうとするお話。
　優しく幻想的なイラストも魅力のひとつです。

『ハグくまさん』
ニコラス・オールドランド / 作
落合恵子　　 / 訳
クレヨンハウス
２０１１年　３０p　２４×２４㎝

　出会うものすべてハグしてしまうハグくまさん。
ところがある日、ハグくまさんはうまれてはじめてハグしたくないものに出会ってしまいます。それは大好きな木を切ろうとする人間。初めて抱く憎しみと怒り。戸惑いながらもその感情をハグくまさんはハグの力で沈めます。すべてを包み込む大きな愛を感じさせてくれる絵本。この本を読み終えるとハグを求めてくる子ども達がいます。抱きしめられると自然と笑顔になる子ども達。どんな時もたくさんハグしてあげてくださいね。

『てをつなぐ』
鈴木まもる / 作
金の星社
2017年　32p　23.6㎝

　小さな男の子の繋いだ手からたくさんの人達（生き物）と繋がっていくお話。家族、色々な職業の人、世界各国の人、動物達…。「はだのいろもはなすことばもちがう　すんでるところもきているふくもちがう、でもてをつなげばみんないっしょだ」地球上のすべての生き物と自分は繋がっているんだという事を感じさせてくれる。また、次の手は誰だろう？とページをめくる楽しさもあります。

『しんでくれた』
谷川俊太郎 / 詩　塚本やすし / 絵
佼成出版社
2014年　32p　25㎝

　谷川俊太郎の詩の絵本。表題にまずドキッとさせられます。「いきものはいきものをたべなければいきていけません。にんげんはほかのいきもののおかげでいきているのです。」人間が生きる為には生き物の命をいただかなくてはなりません。命をいただくとはどういう事なのか。人間の残酷さも感じるかもしれません。食べる事を美化せず「死」をきちんと直視することで自ずと生き物への感謝に繋がっていくのではないでしょうか。

（今井　則子）

『もういいかい』
中野真典 / 作
ＢＬ出版
２０１５年　３２p　２０×２１㎝

　「まだかな、まだかな。」楽しみなことを待っている時のドキドキは嬉しい"まだかな"。電車の遅れや、待ちくたびれたイライラは怒りの"まだかな"。「待つ」にも色々あります。ある作品発表会の日、うっかり道具を忘れた演者に待たされる観客。そんな時にすかさず「もういいかい」という天の声。小さな会場が一気に和みました。子どもの頃は蝶を追いかけたり、お花を摘んだり、たっぷり時間がありました。「もういいかい」はほんの一瞬、こどもに戻れる魔法の言葉なのです。

『ぼくたちのうた：ぴっかぴかえほん』
山﨑優子 / 作
小学館
２０１８年　２８p　２６．５×２１．５㎝

　この絵本には、末頁に楽譜とＱＲコードがついていて、ページをめくりながら曲を楽しむことができます。穏やかに流れるピアノの曲は８歳の作曲家鈴木美音さんが山﨑優子さんの原画を見たときに頭の中で鳴り響いた曲を演奏したものです。
男の子が飛ばす赤い紙飛行機が季節をめぐって音を紡ぎ出していく、そんな流れるような絵と音楽が心地良く馴染んでいます。

『わたしたちのたねまき
　-たねをめぐる　いのちたちのおはなし-』
キャスリン・O・ガルブレイス / 作
ウェンディ・アンダスン・ハルパリン / 作
梨木香歩 / 訳
のら書店　2017年　32p　29×25cm

　「自分は種を撒く人のひとりである」と想像してみたり、「自分は辺境に飛ばされた種だ」と考えてみたり、視点を変えることで幾通りもの楽しみ方ができる絵本です。前者の立場で考えるならば、人は生きているだけで種まきをしているようなものかもしれません。その種が都合よく実れば喜び、害を起こせば悔しく悲しい。けれども、それは一方向から見た結果であって、視点を変えれば、また別の感情が湧き、違う現実に気づくのかもしれません。

『トマトさん』
田中清代 / 作
福音館書店
2002年　28p　20×27cm

　画面いっぱいに広がる大きなトマトの顔。一度見たら忘れられないトマトさん。夏の昼下がり、あまりの暑さに水浴びをしたいけど、体が重くて動けません。コロコロ転がる身軽なミニトマトが羨ましい。たった一言、「手伝って」と言えたなら、冷たい小川にほてった体を冷やせるのに。トマトさんのように意地を張ってしまったり、タイミングを逃してモジモジする経験、誰にだってありますよね。そんな時はどうしましょう。素直な気持ちが言葉にできたなら、思いがけないことが起こるかも。

『うみのがくたい』
大塚勇三／作　丸木俊（俊子）／絵
福音館書店（日本語）
ラボ教育センター（英語版ＣＤ付き）
１９６４年（福音館書店）
１９９９年（ラボ教育センター）
28p　19×26㎝

　海のど真ん中で、おもいきりあばれて、楽しんでいる楽隊の様子が表紙から伝わってきます。荒波と海の生きものたちの動きに勢いがあり、水しぶきが飛んできそうです。いわさきちひろが師事したという女流画家、丸木俊（俊子）の力強い絵のタッチと繊細な色遣いが独特なリズムを生み出しているからなのでしょう。新装版（英語表記）には付属ＣＤが付いていて音楽とともに日本語と英語の音声が楽しめます。くじらが吹くトランペットの音が鳴り響き、自然の雄大さが感じられる一冊です。

『狂言えほん４　かみなり』
内田麟太郎／文
よしながこうたく／絵
ポプラ社
２００８年　36p　26㎝

　日本の古典芸能である狂言。『神鳴』という演目が絵本にアレンジされた作品です。都落ちするやぶ医者と雲を踏み外して地上に落ちた雷との対話で構成されています。落ちた時に腰をうった雷は、医者に治療をさせます。初めは雷を恐れていた医者も針治療をするうちにだんだんと強気になり、最後は治療代まで取り立てる始末。狂言ならではの言い回しと臨場感のあるオノマトペが独特な魅力を引き出しています。医者の表情の移り変わりがページをめくりながら楽しめます。

『めっきらもっきらどおんどん』

長谷川摂子／作　ふりやなな／画

福音館書店

1985年　32p　20×27cm

　夏の日の冒険はちょっと怖くて、なんだかわくわくする楽しさがあります。一度読んだらリピート必至のこの絵本。主人公のかんたが叫ぶ"めちゃくちゃのうた"は一度聞いたら耳から離れなくなるインパクトがあります。"めっきらもっきらどおんどん"、幼児でもこの絵本が気に入れば、覚えてしまうワンフレーズです。夏の神社で、空想の世界に飛び込み、リアルか夢かがわからなくなる不思議な出来事。こどもの頃に味わった感覚を大人も追体験できる内容です。

『あめだま』

ペク・ヒナ／作　長谷川義史／訳

ブロンズ新社

2018年　40p　25×25.5cm

　ドンドンが駄菓子屋で見つけた不思議なあめだま。それをなめると、どこからか声が聞こえてきます。「このあめだまの模様、どこかで見たことある。そうそう、リビングのソファーだ。」話しをするはずのないソファーの声が突然聞こえてきて、びっくり。「どないなってるんや、このあめ」関西弁の語りが柔らかく心に馴染みます。物や動物の心の声、次はどこから聞こえてくるのかな。ドンドンの気持ちの変化と行動が胸にささり、控えめなアジア人ならではの感覚に共感を覚える作品です。

『こんくんのおんがくはっぴょうかい』
たしろちさと / 作
講談社
2014年　32p　27㎝

　つんつくむらのこんくんは、オカリナを吹くのが上手です。オカリナを練習しながら、毎日秋の訪れを待っています。なぜなら秋になれば、渡り鳥がやってきて、湖で音楽発表会ができるからです。「早く秋がこないかな」と、こんくん。「秋がこないなら、みつけに行こう」と友だち。一緒に森の中へ入っていくと、"もうすぐ秋"が所々でみつかります。こんくんは、秋を待つことにしました。寒い冬の前のお楽しみ、芸術と食欲の秋にぴったりの一冊です。

『リスとお月さま』
ゼバスティアン・メッシェンモーザー / 作
松永美穂 / 訳
コンセル
2007年　42p　25×19㎝

　リスが押しているのは、お月さまでしょうか。この丸くて黄色いもの、実はお月さまとは別のもののようです。子どもの頃の勘違いや思い込み。恥ずかしいけれどよくあることです。しかし、当の本人は真剣。真剣だからこそ微笑ましい。鉛筆デッサンがリアルで冷静な風合いを出す一方で、リスの純粋さがコミカルに感じます。
表紙を開いてすぐにおはなしが始まるので見逃さないようにしましょう。始まりも終わりも静けさの中にありますが、とても愉快で一人で読んでも楽しめる一冊です。

『３びきのくま』
ポール・ガルドン／作　多田裕美／訳
ほるぷ出版
1975年　32p　26×27cm

　１９世紀初めから語り継がれ、多くの書籍が出版されているこのはなし。数ある中でもポール・ガルドンの絵は秀逸です。繊細な中にも動きがあり、今にも本の中から飛び出してきそう。女の子がクマの家に迷い込み、大・中・小の大きさの中から自分にちょうどいいものを見つけていくおはなしです。有名なこの絵本の逆バージョン（『もりのおきゃくさま「三びきのくま」のさかさまのおはなし』こぐま社）では、クマと人間が逆転します。二冊をあわせて読めば、さらに深く味わえるでしょう。

『こびととくつや　グリム兄弟の童話から』
カトリーン・ブラント／絵　藤本朝巳／訳
平凡社
2002年　24p　23.3×24.8cm

　グリム兄弟の原作は１８世紀から語り継がれ、日本でもよく知られるはなしです。おはなしとともに絵も個性的なものが多く、情景が浮かびやすいです。その中でも、とりわけこびとの躍動感が感じられる一冊として、音楽とあわせてみたいのがこの絵本です。裸のこびとが服を身につけ、おしゃれなこびとになった時の喜びようは、こっそり見ていたくつやの夫婦にも幸せをもたらしたのではないでしょうか。クリスマス間近の素敵なプレゼントは、靴が売れたことだけではなかったように思います。

『だんろのまえで』

鈴木まもる / 作・絵

教育画劇

2008年　32p　20×19cm

　吹雪の中、道に迷ってたどり着いた場所には、ゆらゆらと燃える炎がありました。ほっとできる柔らかい空間が旅人を優しく受け止めてくれます。最近、お疲れではないですか？人は時に空白を埋めたくなる衝動にかられます。スケジュールが空いていると落ち着かず、何もしなかった一日の終わりには罪悪感を覚えたりするものです。そんな時は自分を解放できる空間を持ってみるのもひとつ。昔の人は家族の団らんの中で、暖炉や囲炉裏を囲んで安らぎと活力を得ていたのではないでしょうか。

『ゆきのうえ　ゆきのした』

ケイト・メスナー / 文　クリストファー・サイラス・ニール /絵　小梨直 / 訳

福音館書店

2013年　36p　32×21cm

　「冬眠したい」という願望、おそらく誰もが持ったことがあるのではないでしょうか。冬の寒さに凍てつく日々、雪の下には全く別の世界があるようです。それを科学者たちは「サブニヴィーン・ゾーン（Subnivean Zone）（積雪下空間）」と呼んでいます。雪で覆われた暖かい世界というのは、雪国のかまくらをイメージします。人々が「冬眠」に憧れるのは、冬の静けさとぬくもりの中でゆったり過ごしたいとの思いからか、はたまた春の訪れを待ち望む期待にあふれた喜びを想像するからなのでしょうか。

『おなじ月をみて』
ジミー・リャオ ／ 作
天野健太郎 ／ 訳
ブロンズ新社
2018年　32p　28×21.5㎝

　「ハンハンは待っていました」。しばらくするとライオンがやってきました。その後から象や鶴もやってきました。どの動物も傷ついていたので、手当てをしてあげました。そのうちに、とうとうハンハンが本当に待っていた人がやってきましたが、やはり傷ついていました。ハンハンが月を見ていた時、その人も同じ月を見ていました。地上では、同じ月を見ている人同士が傷つけたり、傷つけられたりしています。そして、そんなすべてを月は見ています。静かな反戦の絵本です。

『せかいでいちばんつよい国』
デビッド・マッキー ／ 作　なかがわちひろ ／ 訳
光村教育図書
2005年　30p　25×28㎝

　大きな国がありました。大統領は人々を幸せにするために世界中を征服しようと考えました。ある日、小さな国に着きました。小さな国の人々は大きな国の兵隊を歓迎しました。兵隊たちは小さな国の料理を食べ、遊びを教わり、歌を習い、やがて故郷へ帰って行きました。大きな国では小さな国の文化が広がりました。大統領は小さな国を征服したと思っていましたが、本当の意味で征服したのはどちらの国なのでしょう。「つよい国」とはどのような国のことをいうのでしょうか。

『あかり』
林木林 / 文　岡田千晶 / 絵
光村教育図書
2014年　32p　27×22㎝

　女の子が生まれた日、幸せを願って作られたろうそく。お祝いの時に灯したり、つらい時に寄り添ってくれる大切なあかりは、女の子の成長とともにありました。やがて年を重ね、おばあさんとなった最後の時まで、女の子を見守りました。本物の火は心の奥まで暖めてくれる力を持っています。初期の絵本の読み聞かせ会では、ろうそくをつけることで話が始まり、ろうそくを消すことで終わりを告げるものでした。それは、おはなしの世界に入っていくための道しるべであり、見守る存在だったのでしょうか。

『しろさんとちびねこ』
エリシャ・クーパー / 作者　椎名かおる / 訳者
あすなろ書房
2017年　32p　22×21㎝

　白いねこと黒いねこ。2匹のねこの色と同じく、内容も白い画面に黒のペンで書かれたシンプルなものです。2匹はいつもともに過ごし、この先何年も何年も変わらない日々が続くと思っていました。ずっといっしょだと思っていました。しかし、命はめぐるのです。去りゆく命があれば、新たに芽生える命もあります。原題は『BIG CAT, LITTLE CAT』。そのタイトルの意味が最後まで読むとわかります。

『ぼくはちいさくてしろい』
和田裕美 / 作　ミウラナオコ / 絵
クラーケン
2018年　40p　19×15.5cm

　ちいさくてまっしろなペンギンはひとりぼっちでした。「ぼくはどうしてまっしろなの？」「ぼくはどうしてあしがおそいの？」「ぼくもくじらみたいにおおきくなりたいな」。様々な疑問やつぶやきにどこからか答えのような声がきこえます。それは、お母さんなのでしょうか。やがて、ちいさくてしろいペンギンは、ひとりで歩き出す勇気を持てるようになります。道徳の教科書にも掲載されたこの作品、今の自分を否定せず、勇気を持って生きて欲しいという著者のメッセージが伝わってきます。

『くうき』
まど・みちお / 詩　ささめやゆき / 絵
理論社
2011年　32p　28×23cm

　目に見えないものを絵にするとき、何かの媒介が必要となります。"風"であれば木が揺れていたり、帽子が飛ばされそうになったり、髪がなびいていたりするように。"空気"はどのように表現しましょう。この絵本では、詩と絵が一体となることで空気を表しています。すべてのものに行き届く空気、すべてのものをつなげる空気。どこからどこまでが私のもので、どこからどこまでが隣の人のものかわからない。必要な人に必要なだけ、おしみなくいただけるありがたい存在。それが"くうき"。

『ワニくんのおおきなあし』
みやざきひろかず / 作・絵
ＢＬ出版
1985年　23p　29×22㎝

　ワニくんは自分の足がみんなより大きいことを気にしています。足を気にするあまり、考えることは足のことばかり。考えて、考えて、考え尽くした末、足が大きいのは悪いことばかりでもないという考えにたどりつきました。「ごめんね、ぼくのおおきなあし」「これからもよろしくぼくのおおきなあし」。最後は足との和解。考え方ひとつで、良くもなり、悪くもなる現実。自分が受け入れられないことを受け入れることは時間がかかるかもしれないですが、見えてくる世界が変わりますよね。

『かわをむきかけたサトモちゃん』
えぐちよしこ / 文　織茂恭子 / 絵
アリス館
2017年　32p　23㎝

　自分に自信がないあなたへ。その自信のなさはいつからですか？生まれつき？赤ちゃんの時からですか？いつかどこかで、誰か、もしくは何らかのきっかけで不安定になってしまった自分軸。でも、ご安心ください。それは取り戻せる可能性があります。サトモちゃんのように、本当に大好きなことをやってみると自分の中から声が聞こえてくるようです。「サトモはサトモ」「さといもでよかったぁ」自分でそれに気づいたとき、芋仲間も大いに喜んでくれました。

『おおきなおおきな木』
　よこたきよし / 作　いもとようこ / 絵
金の星社
２００５年　３２p　２３.６cm

　かんかん照りの日、雨の日、風の強い日、行く先が見えずに迷ってしまった日には、ここでちょっとひと休み。おおきなおおきな木には、ぽっかりと穴があいていて、目を閉じて横になれる空間がありました。そこで休むと心の重荷がほどけて、ゆったりと時をためることができます。気持ちが落ち着いたら、今まで見えていなかったものが見えてくるでしょう。感情がほぐれると、ものごとを多方向から見る余裕ができるものです。そんな場所、あなたは持っていますか？

『ひよこのピケキョ』
　ジャニーン・ブライアン / 作
　ダニー・スネル / 絵　ひこ・田中 / 訳
東京書店
２０１８年　３２p　２４.５×２７.５cm

　たまごが割れて４羽のひよこが生まれました。３羽のひよこは「ピヨ」となきましたが、最後の１羽は「ピケキョ」となきました。親や兄弟から、そのなき方は間違いだと言われます。そこで、それを確かめに出かけますが、馬や牛、アヒルにも指摘されます。それでも自分は間違っていないとさらに旅を続けます。ひよこは自分の答えを見つけられたのでしょうか？作者の国、オーストラリアではピヨは"cheep"ピケキョは"chickabee"。まさに聞こえ方はその土地によってもちがうようです。

『いろいろいろんな日』
ドクター・スース／作　スティーブ・ジョンソン＆ルー・ファンチャー絵　石井睦美訳
ＢＬ出版
１９９８年　３１p　２７×２１ｃｍ

　今日の気分を色に表すとどんな色ですか？心が動くと気分が変わる、色も様々に変化していきます。元気に跳ね回りたい日、鳥のように羽ばたきたい日、世界が止まったように感じたり、あったかい気持ちになる時もあれば、静かにしっとりする日もあります。悲しく唸る日もあれば、猛烈に吠えたくなる日もあります。いろんなぼくがいる。ぼくはひとつと決められません。隣の人も同じ。この人はこんな人と決めつけられません。だから聞いてみます。今日の気分はどんな色ですか？

『星につたえて』
安東みきえ／文　吉田　尚令／絵
アリス館
２０１７年　３２p　２１．５×２６．３ｃｍ

　果てしなく広がる空をひとり旅するほうき星。深く広い海の世界で生きるクラゲ。２人は心を通わせ、夢のような時を過ごします。しかし、もうすぐ夜明け。クラゲはある言葉を星に伝えようとしますが、うまくいきません。言葉は伝えられないまま語り継がれ、くらげから子くらげへ、そのまた子くらげに伝えられていきました。やがてクラゲ以外の人間にまで広がります。強く届けたかった大切なことばとはどんな言葉だったのでしょう。そしてそれはほうき星に伝わったのでしょうか。

『かべのむこうになにがある？』
ブリッタ・テッケントラップ／作
風木一人／訳
ＢＬ出版　2018年　32p　26×26 cm

　知りたがりのねずみは、壁の向こうに何があるか気になっていました。周りのものは誰も関心を示しません。ところがある日、壁の向こうから鳥がやってきました。そこには夢のような世界があったのです。
　絵本を読むとき、大人は実世界やこれまでの体験と重ねて読みすすめます。あなたには壁がありますか？それは越えられるものですか？そして、越えてみたいですか？
　さて、この絵本には続きがあります。知りたがりのねずみは、外の世界を見た後どうしたでしょう？内容もさることながら、絵本のデザインやカバー内の表紙にも注目の作品です。著者の思いが絵本全体で表現されています。

　２０１８年現在、一年間に出版される絵本の数は約１０００冊と言われています。(雑誌『子どもと読書』子どもと読書編集部調査（3・4月号）による)。数ある絵本の中から、絵本ケアでとりあげたいものを幾つか紹介しました。絵本は比較的字数が少ないものが多いですが、活字が苦手だと思われる方は、好みの絵を頼りに選んでみるとよいでしょう。画集のようにページをめくるだけでも楽しいものです。絵本の受け取り方は、１０人１０色ですので、音楽とマッチングさせることで作者の思いとは違ってくるかもしれません。しかし、今まで絵本を手に取ることがなかった方にも届けることができる一つの方法だと思います。絵本ケアを通して絵本の魅力をお伝えできれば幸いです。

（伊串　美香）

おわりに

　ここまでお読みいただき本当にありがとうございます。
絵本ケアのお話しはいかがでしたか？

　この本を読んで絵本ケアのことを知り、私達の想いが届いて、皆さんの心のなかにささやかでも何か残ったのなら幸いに思います。

　絵本ケアの本を出版しようと思い立ったのは昨年8月のコンサートが終わった頃、それから何度も絵本ケアの指導者メンバーが集まり、話し合いを重ねましたが、絵本ケアのことを文章として書き上げるには色々な苦労がありました。時には行き詰まり、みんなで頭を抱えてしまうこともありましたが、そんな時は初心にかえり、ピアニストが演奏、その傍らで絵本を読み語り、みんなで絵本ケアを体感することで、また力をもらって前に進みました。私達は同じ夢に向かって心をひとつにしたのです。一緒に夢を叶えてくれた絵本ケア指導者の素晴らしいメンバーにも「ありがとう」と言いたいと思います。

　また、私達の活動が絵本ケアとして、ここまで確立してきたのは、夢育ひろばの当時から、市民活動支援センター、中央図書館、社会福祉協議会等、一宮市および稲沢市などに多大なるご支援を頂いたお陰です。実践の練習や学会発表の準備、打ち合わせ等においては、愛知文教女子短期大学にも大変お世話になり、今回の出版に際しては、三恵社の皆様にもお力添えを頂きました。そして何より、絵本ケアのコンサートや企画に足を運んでくださった多くの方々の想いを支えに、いま、私達は絵本ケアをさらにすすめていく力を頂いて、今日に至っています。

この場をお借りして、ご支援ご協力頂いたたくさんの方々に、心より感謝申し上げます。
　さて、皆さん、いま夢はありますか？
　小さな頃は誰でも夢みたものです。お花屋さん、保育士さん、宇宙飛行士、野球選手など、きっとそれぞれに夢を抱いていたことでしょう。それがいつしか夢薄れ、大人になると多くの人が夢を語らなくなります。夢は、私たちが生きるうえで大きな力となります。近年、尊い命が自死等によって失われる悲しいニュースを耳にするたびに涙が止まりません。それは子どもでも、大人でも同じです。明日を生きる力を失ってしまうこと、それはどんなに辛いことでしょうか。ほんの少しでも明日に希望や夢が持てたなら、そう思うのです。子どもも大人も、いつまでも夢を育てて欲しい、そんな願いを持って絵本ケアをはじめました。大きな夢もあれば、小さな夢もあります。明日への希望、それも夢です。時には落ち込んで元気がなくなる日もあります。迷い、苦しみ、生きていくことが辛い日もあります。そんなとき、絵本と音楽はそっとあなたに寄り添ってくれます。絵本も音楽も身近にあるものですが、それらが重なり合うだけで、こんなにも心地よく、生きる力や夢を育んでくれるものだとは・・・運命的に出会った絵本ケアは、今もなお、大人の私達を励まし、夢を育んでくれています。この本に出会った皆さんもぜひ、絵本ケアをきっかけに夢を持って力強く歩んでくださいね。これから、絵本ケアコンサートをはじめ、保育士研修会や企業職員研修、親子向け絵本ケア等、お陰様で多くの場所で絵本ケアを実践する予定があります。いつかどこかで、皆さんにお目にかかれることを楽しみにしております。

　　　　　　　日本絵本ケア協会
　　　　　　「いちのみや市民活動情報サイト」より
　　　　　　「絵本ケア」でキーワード検索

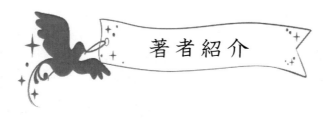

著者紹介

真下(ました) あさみ　　（編著・第1章・第4章・第7章前半）

日本絵本ケア協会　代表
愛知文教女子短期大学幼児教育学科 准教授
文学・教育学修士
保育士や子育て経験をもとに大学では保育者の資質や絵本関連分野、感性等について研究。保育者の養成教育および潜在保育士の再就職支援等に力を注ぎながら各地域で様々な育児セミナー、保育研修等の講師を多数務める。主なテーマは豊かな感性を育むアプローチ、親と子をつなぐおはなしの世界、絵本でいきいきと暮らすヒント、夢を育む女性の生き方など。2013年、子育て支援団体「夢育ひろば」を発足し、各地で開催。その後、絵本ケアの活動を推進するために、2018年、団体名を改変し、「日本絵本ケア協会」を創立する。絵本ケアコンサートでは読み語りと歌を担当。絵本ケアで使用するオリジナルの音楽制作や音楽選曲、舞台構成等も手掛けている。

＜実績＞
稲沢市子育て講座
一宮市育児講座
半田市家庭教育講座
稲沢市保育士研修
愛西市保育士研修
一宮市中央図書館
　「母と子のおはなしひろば」
　「大人のための絵本タイム」
稲沢市中央図書館
　「秋の夜長の絵本タイム」
　　　　　など

伊藤　久美子　　　　　　　　　　　　　　　　　（第2章）

日本絵本ケア協会指導者　愛知文教女子短期大学　幼児教育学科講師
文学・教育学修士。幼稚園教諭当時より子どもの舞台表現指導に携わる。
幼稚園や保育園、地域の保護者向け講座の講師を務め、様々な素材を使
って表現することの大切さを説く。保育内容表現の分野を研究。近年は
保育者養成教育のなかで砂と音楽で表現する「サンドアート」を授業に
取り入れ、保育学生の感性と表現力を養う指導にあたっている。

加藤　由紀子　　　　　　　　　　　　（第3章・第7章後半）

日本絵本ケア協会指導ピアニスト　小田原短期大学保育学科講師
名古屋音楽大学大学院音楽研究科修了。ピアノ演奏法・幼児音楽教育を研究。
ピアニストとして、ソロ・オーケストラとのピアノ協奏曲協演・室内楽・
伴奏など、各種演奏会に出演。幼稚園教諭対象の研修や合奏指導、親子
向けの音楽イベントやコンサートを多数企画実施。絵本やサンドアート
と音楽など、視覚と聴覚を研究テーマとして保育学生に指導している。

柴田　法子　　　　　　　　　　　　　　　　　（第5章）

日本絵本ケア協会指導者　愛知文教女子短期大学幼児教育学科 非常勤講師
乳児保育、子どもの発達等の分野を研究。保育者養成校で発表会の指導
に携わり、絵本の読み聞かせに音楽を付けた発表を行う。社会人対象の
保育士国家試験対策講座では保育実技や保育実習理論を担当。幼稚園の
子育て支援事業に参加し、絵本の読み聞かせや親子ふれあい遊び等を行
い、地域で子どもや親子向けの教室等を主催している。

安藤　彩子　　　　　　　　　　　　　　　　　　（第6章）

日本絵本ケア協会指導者　愛知文教女子短期大学幼児教育学科　非常勤講師
洗足学園音楽大学・日本女子大学家政学部児童学科卒業。ピアノ講師及
び短期大学や保育士国家試験対策校にて講師を務め、保育者を目指す学
生から社会人まで幅広い年代に保育専門科目を教える。「夢育ひろば」で
は音楽演奏を含めた子育て支援を行う。教育経験を活かし保育者養成に
携わるとともに、絵本関連及び言葉の領域を研究している。

今井　則子　　　　　　　　（絵本ケアにおすすめの絵本；前半）

日本絵本ケア協会指導者　元愛知文教女子短期大学幼児教育学科　非常勤講師
保育者養成校である短大や専門学校、通信制高校の教員を務め、保育や
絵本関連の授業を担当。保育学生に絵本の魅力を伝えると共に保育現場
での経験を活かした読み聞かせの実践法等を指導しながら、保育、絵本
関連分野の研究をしている。また、「夢育ひろば」発足当時より活動に参
加し子育て支援に力を注いでいる。

伊串　美香　　　　　　　　（絵本ケアにおすすめの絵本；後半）

日本絵本ケア協会指導者　　愛知文教女子短期大学附属図書館司書
ＪＰＩＣ読書アドバイザー・絵本セラピスト協会認定絵本セラピスト
絵本セラピスト協会認定大人に絵本ひろめ隊
保育者養成校の図書館司書として、絵本の選書、活用法、読み聞かせ（小
学校、公共図書館、大学行事）などを行っている。

本書でとりあげた絵本

【あ】

『あかり』林木林,岡田千晶,光村教育図書　　　　　　　134
『あかちゃんがわらうから』おーなり由子,ブロンズ新社　123
『あなたのことがだいすき』えがしらみちこ,西原理恵子,角川書店
　　　　　　　　　　　　　　　　　　　　　　　　　122
『あなたがとってもかわいい』みやにしたつや,金の星社　118
『あめだま』ペク・ヒナ,長谷川義史,ブロンズ新社　　　129
『いないいないばあ』松谷みよ子,瀬川康男,童心社　　　　63
『いろいろいろんな日』ドクター・スース,スティーブ・ジョンソ
　ン＆ルー・ファンチャー,石井睦美,ＢＬ出版　　　　　138
『うみのがくたい』大塚勇三,丸木俊(俊子),福音館書店(日本語),
　ラボ教育センター(英語版ＣＤ付き)　　　　　　　　　128
『おおきなかぶ』A.トルストイ,内田莉莎子,佐藤忠良,福音館書店
　　　　　　　　　　　　　　　　　　　　　　　　　　93
『おおきなおおきな木』よこたきよし,いもとようこ,金の星社
　　　　　　　　　　　　　　　　　　　　　　　　　137
『おかぁさん』もっち,江頭路子,ナツメ社　　　　　　　121
『おしっこちょっぴりもれたろう』ヨシタケシンスケ,PHP研究所
　　　　　　　　　　　　　　　　　　　　　　　　　　94
『おなじ月をみて』ジミー・リャオ,天野健太郎,ブロンズ新社
　　　　　　　　　　　　　　　　　　　　　　　　　133
『オニのサラリーマン』富安陽子,大島妙子,福音館書店　　109

『おばけのてんぷら』せなけいこ,ポプラ社　　　　　　　　　２３
『おへそのあな』長谷川義史,ＢＬ出版　　　　　　　　　　１１９
『おべんとうバス』真珠まりこ,ひさかたチャイルド　　　　７５
『おもいで星がかがやくとき』刀根里衣　ＮＨＫ出版　　　１２４

【か】

『かべのむこうになにがある？』ブリッタ・テッケントラップ,
　風木一人,ＢＬ出版　　　　　　　　　　　　　　　　　　１３９
『がたんごとんがたんごとん』安西水丸,福音館書店　　　　６５
『かみさまからのおくりもの』樋口通子,こぐま社　　　　　２３
『かわをむきかけたサトモちゃん』えぐちよしこ,織茂恭子,
　アリス館　　　　　　　　　　　　　　　　　　　　　　１３６
『狂言えほん４　かみなり』内田麟太郎,よしながこうたく,
　ポプラ社　　　　　　　　　　　　　　　　　　　　　　１２８
『キリンさん』まど・みちお,南塚直子,小峰書店　　　　　１００
『きんぎょがにげた』五味太郎,福音館書店　　　　　　　　７６
『くうき』まど・みちお,ささめやゆき,理論社　　　　　　１３５
『くだもの』平山和子,福音館書店　　　　　　　　　　　　６３
『くっついた』三浦太郎,こぐま社　　　　　　　　　　　　６９
『くまちゃんのいちにち』かこさとし,福音館書店　　　　　９９
『くまちゃんのいちねん』かこさとし,福音館書店　　　　　９９
『くまちゃんのごあいさつ』かこさとし,福音館書店　　　　９９
『くまちゃんのかいもの』かこさとし,福音館書店　　　　　９９
『ぐりとぐら』中川李枝子,大村百合子,福音館書店　　　　７８
『ぐりとぐらのおきゃくさま』中川李枝子,山脇百合子,福音館書店
　　　　　　　　　　　　　　　　　　　　　　　　　　１１０

『ぐるんぱのようちえん』西内ミナミ,堀内誠一,福音館書店 79
『くれよんのくろくん』なかやみわ,童心社 81
『ごあいさつあそび』きむらゆういち,偕成社 98
『こびととくつや グリム兄弟の童話から』カトリーン・ブラント,
　藤本朝巳,平凡社 131
『ごぶごぶ　ごぼごぼ』駒形克己,福音館書店 95
『ごんぎつね（おはなし名作絵本）』新美南吉,箕田源二郎,
　ポプラ社 11
『こんくんのおんがくはっぴょうかい』たしろ ちさと,講談社

　　　　　　　　　　　　　　　　　　　　　130

【さ】

『さかさことばでうんどうかい』西村敏雄,福音館書店 97
『3びきのくま』ポール・ガルドン,多田裕美,ほるぷ出版 131
『しろさんとちびねこ』エリシャ・クーパー,椎名かおる,
　あすなろ書房 134
『じゃあじゃあびりびり』まついのりこ,偕成社 70
『しんでくれた』谷川俊太郎,塚本やすし 佼成出版社 125
『せかいでいちばんつよい国』デビッド・マッキー,
　なかがわちひろ,光村教育図書 133
『ぞうのボタン』うえののりこ,冨山房 91
『ぞうのババール　こどものころのおはなし』ジャン・ド・
　ブリュノフ,矢川澄子,評論社 28
『そらまめくんのベッド』なかやみわ,福音館書店 81

147

【た】

『だいじょうぶ だいじょうぶ』いとうひろし, 講談社 93, 120
『たくさんのドア』アリスン・マギー, ユ・テウン, なかがわちひろ,
　　主婦の友社　　　　　　　　　　　　　　　　　　108
『だじゃれすいぞくかん』中川ひろたか, 高畠純, 絵本館　　97
『だるまさんが』かがくいひろし, ブロンズ新社　　　　　73
『だんろのまえで』鈴木まもる, 教育画劇　　　　　　　132
『ちょっとだけ』瀧村有子, 鈴木永子, 福音館書店　　　116
『デイジーはおかあさん』リサ・コッパー, いわきとしゆき,
　　アスラン書房　　　　　　　　　　　　　　　　　118
『てぶくろ』エウゲーニー・M・ラチョフ, うちだりさこ,
　　福音館書店　　　　　　　　　　　　　　　　　　115
『てをつなぐ』鈴木まもる　金の星社　　　　　　　　　125
『トマトさん』田中清代, 福音館書店　　　　　　　　　127

【な】

『にじいろのさかな』マーカス・フィスター, 谷川俊太郎, 講談社
　　　　　　　　　　　　　　　　　　　　　　　　　84
『ねこのピート　だいすきなしろいくつ』エリック・リトウィン,
　　ジェームス・ディーン, 大友剛, 長谷川義史, ひさかたチャイルド
　　　　　　　　　　　　　　　　　　　　　　　　　84

【は】

『ハグくまさん』ニコラス・オールドランド, 落合恵子,
　　クレヨンハウス　　　　　　　　　　　　　　　　124
『はじめてのおつかい』筒井頼子. 林明子. 福音館書店　　81

148

『はなをくんくん』ルース・クラウス,マーク・シーモント,
　きじまはじめ,福音館書店　　　　　　　　　　１１７
『はやくちまちしょうてんがいはやくちはやあるきたいかい』
　林木林,内田かずひろ,偕成社　　　　　　　　　９７
『はらぺこあおむし』エリック・カール,もりひさし,偕成社　２３
『ひとりでうんちできるかな』きむらゆういち,偕成社　　９８
『ひよこのピケキョ』ジャニーン・ブライアン,ダニー・スネル,
　ひこ・田中,　東京書店　　　　　　　　　　　１３７
『ぶたぬききつねねこ』馬場のぼる,こぐま社　　　　　９７
『星につたえて』安東みきえ,吉田尚令,アリス館　　　１３８
『ぼくたちのうた：ぴっかぴかえほん』山﨑優子,小学館　１２６
『ぼくはちいさくてしろい』和田裕美,ミウラナオコ,クラーケン
　　　　　　　　　　　　　　　　　　　　　　　　１３５
『ぽぽぽぽぽ』五味太郎,偕成社　　　　　　　　　　　９２

【ま】

『めっきらもっきらどおんどん』長谷川摂子,ふりやなな,
　福音館書店　　　　　　　　　　　　　　　　　１２９
『もういいかい』中野真典,ＢＬ出版　　　　　　　　１２６
『ももたろう』松居直,赤羽末吉,福音館書店　　　　　８４

【や】

『ゆきのうえ　ゆきのした』ケイト・メスナー,クリストファー・
　サイラス・ニール,小梨直,福音館書店　　　　　１３２

【ら】

『リスとお月さま』ゼバスティアン・メッシェンモーザー,
　松永美穂 , コンセル　　　　　　　　　　　　１３０

【わ】

『わたしのワンピース』西巻茅子 , こぐま社　　　　７８
『わたしたちのたねまき - たねをめぐるいのちたちのおはなし - 』
　キャスリン・０・ガルブレイス , ウェンディ・アンダスン・
　ハルパリン , 梨木香歩 , のら書店　　　　　　　１２７
『ワニくんのおおきなあし』みやざきひろかず , ＢＬ出版　１３６

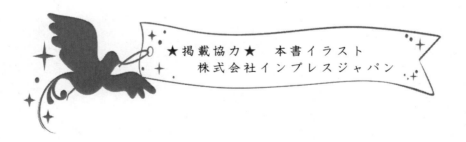

音楽と語りで夢を育む絵本ケア

2019年3月31日　　初版発行

編　著　　真下　あさみ

定価(本体価格1,500円+税)

発行所　　株式会社　三恵社
〒462-0056 愛知県名古屋市北区中丸町2-24-1
TEL 052 (915) 5211
FAX 052 (915) 5019
URL http://www.sankeisha.com

乱丁・落丁の場合はお取替えいたします。
ISBN978-4-86693-016-9 C0037 ¥1500E